SAY WHAT YOU MEAN

A Mindful Approach to Nonviolent Communication

非暴力沟通

说出你想说的话

[美] 欧伦·杰·苏佛 / 著

张亚莉 / 译

浙江人民出版社

浙江省版权局
著作权合同登记章
图字：11-2019-402号

图书在版编目（CIP）数据

非暴力沟通：说出你想说的话 / (美) 欧伦 · 杰 · 苏佛著；张亚莉译. — 杭州：浙江人民出版社，2023.1（2023.8重印）

ISBN 978-7-213-10673-6

Ⅰ. ①非… Ⅱ. ①欧… ②张… Ⅲ. ①心理交往－研究 Ⅳ. ①C912.11-49

中国版本图书馆CIP数据核字（2022）第122815号

非暴力沟通：说出你想说的话

FEIBAOLI GOUTONG : SHUOCHU NI XIANG SHUODEHUA

［美］ 欧伦 · 杰 · 苏佛 著 张亚莉 译

出版发行：浙江人民出版社（杭州市体育场路347号 邮编：310006）
市场部电话：（0571）85061682 85176516
责任编辑：潘海林
特约编辑：涂继文
营销编辑：陈雯怡 张紫懿 陈芊如
责任校对：姚建国
责任印务：幸天骄
封面设计：北极光工作室
电脑制版：北京之江文化传媒有限公司
印 刷：杭州丰源印刷有限公司
开 本：880毫米 ×1230毫米 1/32 印 张：11
字 数：216千字 插 页：1
版 次：2023年1月第1版 印 次：2023年8月第2次印刷
书 号：ISBN 978-7-213-10673-6
定 价：58.00元

如发现印装质量问题，影响阅读，请与市场部联系调换。

好　评

到成年时，我们大多数人已经学会了如何通过习以为常的语言和行为模式进行沟通，以至于我们几乎所有的沟通都涉及质疑、假设和偏见。无怪乎我们经常感到离群和孤单！欧伦巧妙地将他的正念实践和非暴力沟通原则相结合，以帮助我们学习如何再次找到彼此。这是一本功能强大的指南，能指导您认真地用正念来思考和聆听，令人叹为观止！

——莎朗·萨尔茨伯格，《真正的幸福与真正的爱》作者

这本精彩的书解决了一个所有关系中最大的挑战：如何将内心与力量结合，将同情与果断结合。本书由作者带着极大的热情撰写而成，其中汇集了经过深入研究的原则、有效的方法和建议、强大的实践体验以及许多案例。它脚踏实地，文风平和，同时又是如此深邃。如果我只能推荐一本有关人际沟通的著作，那就是这本书。

——瑞克·汉森博士，《坚韧：如何培养冷静，力量和幸福的坚定核心》作者

欧伦·杰·苏佛的这本雄辩之书也可以称为“活出你的想法”。作者超越沟通这一层面，深入人类与同类交流的内在联系中，包括我们的行为方式，我们如何表达、感知并满足自己和他人的需求；如何与差异甚至冲突进行互动；如何追求爱情与表达愤怒。总而言之，如何按我们自己的意愿生活，苏佛为我们提供了必要的框架、观点和技能。

——拉里·扬，佛学老师兼《一同觉醒：包容与社区精神实践》作者

言语有巨大的能量——既能伤人，也能治愈。在本书中，欧伦分享了一个包含三个部分的方法，阐述如何通过树立信念，明确目的和使用同情心进行沟通，并在我们的人际关系中创造更多的联结与理解。在动荡和冲突的时代中，我们比任何时候都更需要这一点。

——克里斯·克雷瑟，《纽约时报》读书榜畅销作品《古代治愈与非常规医学》作者

面对当今时代的巨大挑战，我们需要将内部的正念实践与外部沟通实践中的诚实、脆弱、力量、关心和同理心相结合。欧伦向我们展示的正是做到这一点的方法。

——蜜奇·卡什坦，持证非暴力沟通培训师，《根本活力的旋转之线》作者

献给为我指明道路的老师和朋友们

也献给我的母亲——她是我的第一位老师

为我奠定坚实的基础，并教会我写作

荃者所以在鱼，得鱼而忘荃；

蹄者所以在兔，得兔而忘蹄；

言者所以在意，得意而忘言。

吾安得夫忘言之人而与之言哉！

——庄子

以恨回报恨只会让恨意倍增，让已经黑暗无星的夜晚更增黑暗。黑暗不能驱逐黑暗，只有光明可以做到。

——马丁·路德·金

序言

无论以何种方式，我们一生都在和外界进行着沟通。对于大多数人来说，沟通的主要方式是语言，即我们所说的话和其中包含的语气。互动为我们所有的关系打下基础，而我们沟通的方式在很大程度上决定了我们的生活质量。此外，我们的沟通习惯也为自己以及整个社会的关系奠定了基调。

在这本书中，欧伦·杰·苏佛探究了人们说话方式中许多细微的差别，阐释了哪些模式能促进和谐与幸福的关系以及哪些模式只会导致困难和挫折。本书的观点和方法也为人们亟须的治愈和彻底的转变提供了关键的思路，适用于我们个人的生活，我们所在的社区甚至是整个地球。通过对正念实践、躯体康复和非暴力沟通进行大量的培训，欧伦为我们提供了必要的知识和技能，让我们能通过沟通获得更好、更亲密的关系和更多的真诚、同情心，使我们的社交生活更加平稳。

通过清晰的理论框架以及大量的故事和示例，《非暴力沟通》提供了一系列有用的工具，可以增强人们对于自身行为模式的认知，得到许多有关如何更谨慎有效地进行沟通的具体建议。

同时，它讨论了同理心在聆听他人时的基本作用，并以非常精确的步骤展示了培养方法。正如欧伦在书中所说："沟通实践与我们说了什么无关，而是在于我们来自何方，以及我们如何将自己的想法正确表述出来。"

他还清楚地描述了一些识别并理解我们的思想、观念和情感的做法，以及它们是如何在不知不觉中影响我们使用的语言、背后的动机的。没有这种理解，我们就会被各种复杂的条件所迷惑，无法与周围建立更深更广的联系，也无法获得通往内心的自由。

这本书中藏着教会我们用智慧进行沟通的，详细、全面的路线图，还有许多发人深省的警句。我最喜欢其中一个简明的道理——当我们用更少的词表达了更多的诚意时，我们的话就会更加清晰有力。

本书的基础之一是沟通，像其他任何一种艺术一样，它需要实践。一旦掌握了基本的技能，我们就可以改善思考、说话和互动的方式，让语言带我们享受生活的和谐和提高我们的洞察力。

我与欧伦相识多年，关系可以追溯到他开始冥想实践的初期。他将自己对冥想的洞见与对沟通的深刻理解相结合，创造出一种行之有效的培训方法，这一点令我欣喜。这本书带着他特有的热情和清醒，是一份献给所有在生活中想寻求更多联结、清晰表达思想和获得同理心之人的礼物。

——约瑟夫·戈尔茨坦

致　谢

富于技巧的沟通取决于我们对人与人之间关系的深刻认知。就像生活中的许多事情一样，本书的成形有赖于众人合力，是无数次人与人互动的成果。

如果这本书中还有些没有辱没纸张的见解，那我要深深感激我的老师们。阿卡里亚·阿纳加里卡·穆宁德拉和戈德温·萨马拉拉特恩打开了我的眼界，揭示了我今生获得成就的可能；罗伯特·普赖尔谦虚而持之以恒地带领我和同伴们追求佛法；尊贵的阿赞·苏西托、约瑟夫·戈德斯坦和米歇尔·麦克唐纳，你们的智慧、慷慨和巧妙的指导帮助我走向成熟并理解了人类的本质；萨拉·多林给予我信任，并在我困难时施以援手。

我要感谢我的非暴力沟通老师——是他们指导我将佛法的美化为行动，教我如何表达自己的思考。马歇尔·卢森堡用他的清晰和温暖深深地打动了我。我从过早死于癌症的因巴尔·卡什坦那里学到了很多东西（我想念您）。我还要特别对我的朋友兼同事蜜奇·卡什坦表示衷心的感谢，他对非暴力沟通价值观和愿景坚定的奉献将继续鼓舞我在这条道路上求索，而他对非暴力沟通入木三分的见解也为本书提供了关键的内容。凯西·西蒙在很短的时间内向我提出了重要建议。我也要感谢佩妮·沃斯曼，她的关心和热情的支持促使我加入了认证培训师社区。此外，我还要感谢湾区非暴力沟通的同事们，他们真诚地向我传授宝贵的经验，教会了我如何体现这些技能。

史蒂夫·霍斯金森和安东尼·特格·惠勒为我的幸福和健康提供了温暖的支持；《香巴拉》高级编辑大卫·奥尼尔看到了我写作的潜力，并伸出援手；编辑马特·泽佩林的才智提升了这本书的水平；在一次散步后，乔·凯利也帮助我编辑了本书中的几章内容。

我很幸运地成为这个由追求精神的朋友组成并蓬勃发展的社区的一分子，他们带着爱持续地挑战我，向我展示善的真正含义。一些同事还提供了对于各个章节非常有用的反馈：马修·布伦西弗、唐娜·卡特、德里克·哈斯威尔、苏米·伦敦、阿里·米勒、唐纳德·罗斯伯格、本·鲁宾和亚伦·索芬。当我学习非暴力沟通时，我的母亲、父亲和兄弟通过幽默和爱陪我渡过了许多尴尬的时刻。埃文·A.黄在无数个漫长的白天和深夜，通过互联网给予我坚定而温柔的鼓励。

我还要感谢我电子邮件列表和社交媒体账户中的许多人，他们全程为我加油打气。如果没有参加过我的讲习班和静修课的这些学生，本书也不可能成形，他们真诚的反馈激发了我写作的兴趣，他们的毅力和勇气也日日激励着我。

书中如有谬误，皆是笔者的责任，而生活就是不断学习提高的过程，这一点值得我们感恩。

引　言

话语很重要，我们每个人都能感受到语言治愈、抚慰的好处。即使是表达关心的只言片语，也可以让徘徊在放弃边缘的人获得挑战生活的力量。

我们知道，话语也可能造成巨大的伤害。愤怒或残忍的尖刻之语会破坏人际关系，并能让这种效果持续多年。语言可以被用来进行大规模的操纵和胁迫，加剧恐惧，引发被操纵和被胁迫者们的争端，甚至导致恐怖袭击、种族灭绝、战争等政治事件。很少有东西能如此强大，却又是如此的司空见惯。

语言交织在我们的生活中。初恋、第一份工作、和爱人最后的告别、从人生的开端到结尾以及其间的无数个瞬间，我们都是通过语言分享自己的想法、感受和欲望。

我的父母曾告诉我，我不是一个合群的孩子。“吃——饭——啦，欧——伦。”他们会在用餐时一字一句地提醒我吃饭来应付从我小小的身体里冒出来的无数问题。我对单词的迷恋始于很小的时候，如今我仍然记得发现那些简单的复合词（如海藻或日落）的含义时的欣喜之情——这些抽象的声音，突然拥有了一种蓬勃的生命力。

语言有一种魔力。在这个拥有数不清个星系的浩瀚宇宙中，在这个拥有森林、湖泊、海洋和山脉的奇妙星球上，作为人类活着而且具有自我意识就已经够神秘了。而那些凝视彼此眼眸的瞬间，还有描述我们生命的语言，更是玄妙无比。

在时间的长河中，东方、西方和许多土著文化及宗教的创世神话都认识到了语言拥有的力量，赋予语言在创世之初的关键作用。确实，语言有塑造现实的能力。我们通过思考来感知，通过感知来行动。此外，世界上所有宗教的教义都反映了对语言伦理含义的理解（善恶的可能性），并且包含了如何正确地使用语言道德准则。

当我与越南禅宗大师、诗人和和平主义者一行禅师参加冥想静修会时，我从小对语言的着迷开始结晶，坚定了让我致力于理解如何智慧地使用语言的信念。一行禅师对佛陀“正语”的现代诠释深深地打动了我的内心，激励我尽可能地学习沟通的知识，直到今天仍然启发着我。

当意识到语言不当和无法聆听他人所造成的痛苦时，我便致力于培养爱心的语言和深度聆听，以便给他人带来快乐和幸福，减轻他人的痛苦。我知道语言会带来幸福或痛苦，所以我决心学会用诚实的语言来激发自信、快乐和希望。我不会传播我不确定的消息，也不会批评或谴责我不确定的事情。我避免说出可能导致分裂或不和的话语，发出可能导致家庭或社区破裂的言论，决心尽一切努力来调和并解决所有冲突，无论它多小。

我们的话语很重要——也许比以往任何时候都更为重要。

我们生活在瞬息万变的时代，而这个时代对我们的要求很多。在这个时代，我们在社会中越来越不懂得倾听，也越来越不能真正听到彼此的声音，那些具有不同观点、信仰或背景的人（再次）被轻易地归类为“其他人”。在这个时代，政治、社会、经济和环境变化的强大力量席卷全球，加剧了我们与自我、他人、生活的分离。我们需要学习如何以新的方式说话与聆听，需要学习如何以崭新的眼光重新审视我们的世界，而不仅仅是遵循充满竞争与分裂的历史和经济结构——这些往往会轻易决定我们的关系。真正的对话不只是交换意见，而是一个基于信任和相互尊重的变革性的过程。在这一过程中，我们以崭新且更准确的方式看到了另一个过程。正如神学家戴维·洛赫黑德解释的那样——这是一种获取真相的方法，而在对话之前任何一方都不拥有真相。

我们有能力让世界变得美好，但现实中却看到许多破坏和暴力，令人心痛。日本有一句俗语：樱花之所以美丽，是因它们转瞬即逝。所以，我们每个人都有机会正确地使用自己的能力。

我希望本书能略尽绵薄之力，帮助人们学会如何在构成日常生活的各种关系中带入更多的同情心、智慧和仁慈，从而发挥我们人类的潜力，希望它可以帮助人们改变思想和观念，让暴力不再横行，让世界向大同迈近一步。

汇集的水流

在我20多岁的时候，曾与非暴力沟通的创始人马歇尔·卢森堡博士参加了为期十天的静修会。当静修会快结束的时候，我与卢森堡和他的妻子共进早餐。在此之前几年，我就遇到过卢森堡，并渴望向他表达我的感激之情——因为他提出的沟通理论，让我的生活起了深刻的变化。作为长期的冥想者，我也很想就冥想如何助益非暴力沟通过程提供自己的看法。

那是在2000年，正念还没有在大众中流行。我阐释了正念实践如何形成内在意识，这是能够识别并保持感觉和需求的先决条件，是非暴力沟通的核心，也是非暴力沟通模型中缺失的关键部分。令我感到非常兴奋和震惊的是，他竟然完全同意我！他有些沮丧地说，他一直在试图弄清楚如何教人们使用一顶小长颈鹿帽子（他的一个标志性玩偶的变体）进行冥想。他面带微笑地看着桌子对面的我，说道："也许那是你需要做的工作。"

我经常用其缩写词"NVC"来指代"非暴力沟通"。

由此，我开始了一段将近20年的旅程，并在此期间，致力于整合自己对佛教冥想和非暴力沟通的理解。我在本书中与您分享的材料是三种不同实践的汇流。第一道流是正念，源于上座部佛教传统。第二道流是由卢森堡博士建立的非暴力沟通系统，其开创性著作《非暴力沟通》已在全球销售了超过两百万册。

非暴力沟通已被应用于国际冲突的解决、非暴力社会变革、个人沟通和调解以及个人成长和康复。本书所说的最后一道流，是我接受的一种称为“躯体体验”的治疗技术的培训。该技术由彼得·莱文博士设计，强调神经系统调节在创伤修复中的作用。

这三道流形成了一个强大的手段，帮助我们深化自我理解并改变交流的习惯。在实践的早期，我发现这些方法与其各自的基础理论之间存在许多同步性。当我试图将一种方法映射到另一种方法，以找到一个涵盖我所学内容的连贯的主系统时，我经历了各种精神上的扭曲。我花了很久才将这些不同方面融汇在一起，并认识到它们只是理解人类经验的不同方式。它们在某些方面有所重叠，但也并非一定要将它们完美地结合，才能发挥作用。

当溪流汇聚成一条河时，就再也无法将一道水流与另一道水流区分开。从某种意义上说，这三个系统及其相应的实践可以像大河一样无痕地结合在一起，而每一道水流都描述并支持着一个完整的生命体验中各自不同的方面。

因此，我对本书内容的介绍是整体的，我没有试图将水流从大河中分离出来，而是专注于传播更容易理解的人际沟通基础知识，帮助人们使生活产生具体的变化。

三个步骤，三个基础

人际交流很复杂，任何互动都由很多因素构成。我们的情感、思想和信念，通过或不通过语言，都可以发挥作用。我们必须在已经建立的沟通模式基础上进行谈判，不论是在两个人，还是在我们所属的团体和社区之间。但是，在所有富于技巧的沟通中，都存在贯穿于其间的基础。

本书的总体框架为采用三个步骤来建立有效的对话，这些步骤本身十分简单：

1. 用投入来引领。

2. 从好奇心与关怀出发。

3. 聚焦事情关键。

每一个步骤都是更加彻底深入培训的一部分，就像快速流动的溪流中间的三块坚固的石头一样。每一个步骤是否稳定、实用，都取决于其所立足的基础。因此，要全身心参与，我们就需要在正念沟通的第一个基础上训练自己：在场、好奇和关怀，都根植于我们的意愿这一基础。专注于重要的事情是为了唤起我们的注意力，训练我们的思维能力，以辨别出其中的关键并且迅速地转移焦点。本书的前三个部分对应我们在这三个基础方面的培训，而第四部分探讨它们如何相互融合。

如何运用本书

阅读一本关于沟通的书有点像阅读一本教人游泳的手册。无论写得多么清晰和详尽，不下水你就永远学不会游泳。这本书应该在生活中使用，作为对话的现场指南，它是一张在你旅行过程中描述沿途风景的地图。慢慢品味，你的收获会更大。所以请花一些时间阅读和整合各个部分。每个概念、类比或想法都应对生活中的实践测试。你应该到处试试，看看它们有什么用。

在每一章中，你都将找到如何运用这些方法和概念的实用建议，从轻量级、低风险的情况开始。

让我们回到游泳的类比：人们不会在暴风雨中跳入大海学习游泳。当然，你也许能做到，但很可能会经历一番挣扎并喝下大量海水。而且，你更有可能再也不学游泳了！而如果在一个温暖的日子里，从游泳池的浅水区开始，这件事就要容易得多。

同样的道理，我不建议你一开始就尝试将这些方法用到生活中最困难的对话或最不良的人际关系中。我们首先要获取一些技能。尽可能在最容易的情境中练习，并且要保证这些情境能让你放心大胆地试验、学习，而不会有太大阻力。最好能与其他人一起读这本书，这样你就有一个可以练习的伙伴。或者，你可以与亲密的朋友或家人一起试着使用这些方法，在你学习一种新语言遭遇尴尬之时，他们或许可以用幽默帮你化解。

就是这样：学习沟通技巧很像学习一种新语言，需要重复。练习的次数越多就会越流利。甚至只要认识几个单词，你就可以开始用新语言表达自己的想法。因此，我鼓励你每天练习，不论是正式练习还是非正式对话。即使是有意的五分钟的日常练习也会随着时间的累积而产生效果。

在每一章的结尾，你将看到要点摘录以及一系列问题和答案。这些问题大都来源于我和学生实际的研讨会和静修会，旨在解决在此过程中可能遇到的一些最常见的挑战（故事中的某些名字或详细信息已更改，以保护隐私权）。在整个文本中，你会发现有关正念沟通的关键术语。

最后，我想指出贯穿本书的一个要点。在本书的每一章中都有一些原则，这些原则抓住了沟通某些方面的内在精神或目的。你还会找到一些实用方法，来帮助你将这些原理具体付诸实践。例如，你将读到诸如“我们了解得更多，就拥有更多选择”这样的原则，还有一些相关的实践，其中一些你可以一边阅读一边练习，另一些则可以在日常生活中进行沟通实践。在前面提到的例子中，支持这一原则的实践可能是教导你怎样去呼吸。

沟通培训中常有的弊病，是我们会将实践误以为原理，然后开始以僵化或机械的方式说话，并试图遵守某种教条或体系。尽管系统非常有用（且卢森堡对非暴力沟通的探索是本书的主要内容），但较之于遵循系统，我更在意的是学习如何了解并灵活地对情况做出反应。

换句话说，尽量不要被任何一种说话方式束缚住。打个比方：就像学习乐器，弹奏音阶是必不可少的，但学习的目的是演奏音乐。同样，这些方法和实践对训练沟通习惯非常有用，而我们的最终目的是放松并流畅地进行对话。

应该抱有什么期待

沟通涵盖的领域十分广泛：个人关系和职业关系、更高层次的技能（例如团体协助和调解）以及战略应用（例如外交和非暴力抵抗）。这本书无法涵盖所有内容，我也无意这样做。它关注的重点是社交和亲密关系中的人际交流。如果你有兴趣接受进一步的培训，那么你在此处学习到的方法将为其他应用提供必不可少的基础。

这本书来源于我个人直接的生活经历，这也意味着它将在某种程度上受到这种经历的限制。特别是，我作为犹太人、中产阶级白人男性的生活经历，限制了我实现卢森堡就他的工作所表达的愿景。回想他在2005年瑞士的一次静修会上所说的话，我仍然感到不寒而栗：

如果我使用“非暴力沟通”来解放人们，使他们不再那么沮丧，让他们与家人相处得更好，但又不教会他们如何来快速改变世上的体制，那么我就成了问题的一部分。我本质上是在使人们平静下来，使他们更快乐地生活在体制中——我在将非暴力沟通作为麻醉品。

教学令人谦卑，我知道自己还有很多东西需要学习，尤其是因自身幸运产生的盲区。在一定程度上我超越自身背景，使得该文本及其思想能去帮助不同社会和地区的其他人跳出自身背景的限制，更充分地进行相互依存的沟通。这是最令我高兴的事了。而换言之，在一定程度上我也未能超越自身背景，我将继续对正念沟通进行实践，这是我一生的学习和变化之路。

这样长久的承诺是进行此类实践最有用的方法。富有技巧的沟通不是一朝一夕之功，我们无法通过一个周末的研讨会，六周的课程或四部分的书就一步到位。这个过程需要耐心、兴趣、奉献和谦卑。在其中的各个阶段，我们常常会感到完全无能为力。有时在尝试这些方法之后，感觉好像反而更糟！

所有这些都是意料之中的。学习任何东西都是犯错误的过程，有时可能会摔得灰头土脸。跌倒多少次没有关系，重要的是是否具有恢复的能力。请记住，每一次小小的成功，每一次你学会了运用其中一种方法或原则，都将为你树立信心，并在你心中建立新的模式。

改变沟通方式也不是一蹴而就的。建立一种习惯需要花费时间，改掉一种习惯并熟悉新的习惯更需要花费时间。但是你付出的每一分钟都是值得的，因为这将改善你的人际关系质量，提高生活的幸福感，并帮助你有效地参与到这个世界中。

学骑自行车

我对自己小时候的热情和好奇心还记忆犹新，也记得在家庭晚餐快节奏的生动对话中，自己无法表达想法的艰难。我有一个深入骨髓的回忆。记忆中我坐在那张黑色的餐桌旁，胸口无比沉重，喉咙好像打了结，压抑着内心沮丧的泪水，看着家人滔滔不绝，不给我留说话的空隙。

发现你的声音，学习如何表达你的意思，并学会深入聆听，这是一个非常有意义的旅程。当你能够自由地说，认真地听，就可以说是掌握了改变世界的资源。这本书不是要教你表达无关痛痒的平庸之语，而是要通过技能帮助你变得更加活泼而专注。

小时候，我拥有一辆蓝色的Schwinn越野摩托车，它有着红色的座椅和车把。许多个夏天的晚上，我会在晚餐后骑车绕着新泽西郊区，一圈又一圈，沿着人行道在老橡树和梧桐树下飞驰。

学习正念沟通与骑车有很多共同点——它们都需要花时间。刚开始，有训练轮来帮助你找到平衡。如果有其他人为你加油，那么学习的过程往往会有趣。但当你卸下训练轮时，就要做好擦伤膝盖或肘部的准备。但是一旦你学会了骑车，就永远不会忘记。它可以带你走得很远，而且成功的振奋和喜悦也是一种人生乐趣。

目录
CONTENTS

第一部分

第一步：用投入来引领

有效的沟通取决于我们投入的能力。开诚布公地说话，深入聆听并应对不可避免的波折，都需要高度的自我意识。要表达我们的意思，首先必须明白自己的意思；要明白自己的意思，我们就必须倾听自己内心真实的声音。

进行认真交流的第一步是用投入来引领，也就是我们要尽可能充分并完整地投入对话。如果我们心不在焉，大脑只是空转，就不能很好地学习这些方法。真正的学习需要我们具有强烈的意愿和正确审视自身的智慧。

用投入来引领是一项涉及多个方面的丰富实践。第一部分，我们将探讨有技巧沟通的初步基础、训练认真投入对话的能力、研究人类交流的本质以及了解沟通在我们生活中起到的作用以及培养我们作为个体在对话中如何把握自己的意识。

第一章
我们人生的中心

语言非常强大。语言不仅描述现实，也创造了它所描述的现实。

——德斯蒙德·图图（1984年诺贝尔和平奖获得者）

我们进入这个世界时是脆弱的，完全依赖于外界，但已经为学习语言做好了准备。从我们出生的那一刻起，沟通就成为我们生活的中心。

人类婴儿天生具有学习世界上7000多种语言中任何一种的能力。但是，在最初的几周和几个月中，我们只能用两种手段来传达我们的需求：哭泣和微笑。我们的大脑从此开始发育，神经元细胞开始辨别人类语言的节奏、声音、语调和音量。年龄很小时，我们学语言很快——无论身处哪种语言环境。

通过声音、单词和语法系统，我们学习如何表达情绪，如何提出我们的需要以及获得想要的东西。最终，如果一切进展顺利，我们将学会如何阅读并使用更复杂的社交暗示。我们学会隐喻、习语和幽默；我们通过倾听、探究、观察和重复学习所有的知识。

当我们使用语言进入人类大家庭时，自然会学到与我们的出身、族裔、阶级、性别、社会和主导文化相伴而来的各种交流方式。我们中有些人意识到表达自己的需求并不保险，因此尝试通过照顾他人来照顾自己；另一些人学会通过一些外在的表现来获得想要的东西，因此努力表现为最强壮或最聪明的那一个；还有一些人知道我们的需求不会得到社会的重视，因此摆脱了脆弱，内心变得坚强。

有时，我们可能必须学会在得到自己需要的东西的同时还能与他人保持良好的沟通，共同努力寻找解决办法。

大多数人都不会反对接受沟通训练，学习这些以不同组合出现的方法，满足自身的需求。通常，这些培训是无意识且不经意的。我们所处的社会位置和文化背景为我们设定了框架和理念，而我们的生活经验证实并强化了它们。直到有人觉醒，指出："这根本行不通！"

这种认识可能来源于失败的人际关系、婚姻问题、朋友反目、工作中反复出现的沟通问题、与违反人类需求的制度所做的斗争、这个世界的困境或是社会体系的崩塌，又或者仅仅是受够了自己脑袋里的陈词滥调。

好消息是，语言是可以学习的，因为驱动它们的沟通方式和情感习惯可以被改掉或者重新训练。我们可以学习一种新的说话和倾听的方式；我们可以过自己想要同时也被社会认可的生活；我们可以发现自己的声音，学会表达自己的意思，并懂得如何深度聆听别人的话。

通过文字找到自己的道路

对我来说，转折点出现在我二十多岁的时候。在接连经历了几次恋爱失败，朋友离去，还有父母离婚之后，我转向学习佛教的冥想，以调节自己内心的动荡。大学毕业后，我历经辗转最后在马萨诸塞州农村的洞察冥想协会工作和生活。佛教的教义帮助我适应了一些事物，并对另一些事物有了更成熟的看法。我注意到，我在冥想时能强烈地感受到清晰、善良和同情的价值，但这种感觉在很多场景下又会消失无踪，尤其是在与同事发生争论、与外人发生冲突时。

在集体层面上，由于我们的社会制度是由驱动我们交流的思维和认知模式构成（并同时加强）的，因此要改变它，至关重要的一点是同时改变我们的意识。否则，我们很可能又要推翻自己刚刚创建的系统。

我记得曾与哥哥有过一次特别激烈的争论，恼羞成怒的我最终举起一把椅子，狠狠地砸在祖母家客厅的地板上。

我知道这很有戏剧性，但它确实发生了。

直到一次在冥想中心和员工交流培训后，我才意识到可以学习并改善自己说话的习惯。在第一个长达半天的研讨会之后，我就对此深深着迷，在附近的一个大学城里参加了为期八周的课程，并很快找到了卢森堡博士。

当探索沉思意识和沟通的交集时，我发现自己多年的正念实践为培养新的交流习惯打下了基础。后来我又接触到彼得 · 雷文博士的“躯体体验”，让我对人类行为的理解打开了新的维度。我开始观察人类的关系模式，领会到它是我们自我保护、生存以及联系社会的基础。我培养了一种更加细致入微的能力，能观察到这些基本的进化机制如何在对话中发挥作用以及如何帮助人们摆脱已经习惯但不再有效的现行模式。通过这些，我对人类互动和交流的力量的复杂性有了更多、更深刻的理解。

沟通的世界

沟通比说和听这两个基本要素要广泛得多，比单纯交换所谓客观信息要丰富得多。不论目标是战略性的（为了达到某种目的）还是关系性的（为了建立联系），沟通都需要进行有意义的交流，从而促成理解。

沟通是互动或交流的过程，目的就是增进理解。

这一点并非人类独有。大多数生命形式都具有某种“语言”即信息传输的系统。人类已经具有了发送和接收复杂消息的非凡能力，这是使我们能够进行深度密切合作并共同创造的一部分原因，无论这一点是好是坏。

然而，人类沟通所涉及的范围远远超过我们的话语。它还包括我们的说话方式（语气、音量和语速），这一点能传递大量信息，例如我们的感觉、对彼此的看法、我们所拥有或缺失的力量，等等。这也是我们对外说话的原因：我们想要什么？我们的动机是什么？当然，沟通还包括聆听，我们如何聆听？为什么聆听，或者根本不听？

除了说和听之外，意识是我们沟通的另一个重要组成部分。成功的沟通取决于我们的注意力，为了让“发送的消息”都能“被接收”，我们需要充分了解自己和他人。

我们可以在最平常的时刻观察到这一点。你曾经有过这样的经历吗？就是和一个正在看书或看电视的人说话，而他们却好像听不到你的声音。你们说的是同一种语言，他的听力也没问题，但是他的注意力并不在此，所以你说出去的话没有被真正地接收，沟通并没有发生。

虽然这个简单的道理是如此明显，我们却经常忽略它。意识是所有沟通的主要基础，如果沟通是建立理解，那么正念的交流就是通过意识来建立理解，反之则是没有想法的交流——我们要么不经过思考，要么被内心关于评判、计划或神游的独白消耗。这种情况常常发生，只是有时候我们不愿承认！

投入是很难用语言来说清的事物之一，但它却对我们的生活质量产生巨大的影响。我将投入定义为当下时刻完全意识到并感知身体的体验，存在体现了我们对直接感官、心理和情感体验的意识。

我发现投入对于沟通来说非常重要，因此在所有培训中，我都会在一开始就指出这一点，并让参与者体验在对话中投入是什么感觉。

我培训中的第一个练习，是邀请参与者们彼此分享一个简短的故事。我们从安静的练习开始，以感受充分投入时身体的感觉。当一个人在分享他的故事的时候，其他人在倾听，两者都是为了保持当下的意识投入。

大约一分钟后，我敲响铃铛，让所有人都暂停一下，无论他们身心在何处，邀请他们回到那种存在感，并感知发生在他们身上的事情。短暂的沉默后，我们继续，并且让参与者交换角色，以便所有人都能感受到在中间停顿的感觉。每个参加此项练习的人都无一例外地提到两件事：（1）他们与身体失去联系的速度有多快；（2）停下来时他们的内心十分激荡。

对于大多数人来说，片刻的投入很简单并且容易达到，但是持续的投入就困难得多，而且坦率地说——需要经过培训。在对话中保持意识甚至更具挑战性——我们经常睁开眼睛就失去了，在我们张嘴说话的那刻，保持投入是多么艰难啊！

当然，也有些常见的例外：我们在爱情关系中感到的亲密或是在自然中意识增强的时刻——在这些时候，我们经常感到深刻的联系。正是关系中深层的投入与其他人或周围环境的结合，才激发了我们的潜能，去感受这些体验。

在关系中投入是一种有力的练习。这意味着我们真正投入到与自己、与他人之间发生的一切关系中。但是，有许多原因也会导致我们在说话和聆听时很难投入：

◎ 与另一个人面对面时，我们可能会显得不安。

◎ 社交活动可以激活神经系统，让我们紧张。

◎ 我们倾向于将注意力要么向外集中在对方身上，要么向内集中在自己的思想上，从而忽略了二者的联系与关联感。

◎ 我们还没有练习过。

在自然界中，灵长类动物之间的目光交流可能是侵略的标志。尽管我们的大脑已经发育得比灵长类动物大很多，但是当与另一个人面对面时，我们体内依然潜伏着那种古老而焦躁的本能。在接触的一瞬间，我们会在生理上评估自己的安全性：这是朋友、敌人还是伴侣?

尽管这种本能通常低于意识的阈值，但在我们进行大多数互动时，它在一定程度上还是有用。所以转变我们的沟通方式的一部分，是要认识到神经系统中这种根本的不确定性，并有一种给自己以确定性，抚慰自己的方法（我们将在第三章中介绍一些达到此目的的方法）。

人的声音、呼吸和身份

沟通可以带有如此多情感的另一个原因与我们的听力形成方式有关。我们的耳朵被调到非常特定的音域，并且对一个狭窄的频段（人声）特别敏感（许多动物都有对特定音域敏感的特征。来自海洋的鲸鱼叫声以及大象的叫声的频率都在人耳可接收的声音范围之外）。你是否曾听过有人笑着或流着眼泪尖叫，就忍不住因为不确定性去急切地寻找这声音到底是什么？是否曾听到了一群土狼的嚎叫，但确定不是人类的叫声？

这是人类数万年来不断进化的结果。为了照顾小孩和保护亲人，我们耳朵的内部结构进化到对同类的声音异常敏感，并能立即听到他们痛苦的声音。还记得婴儿的微笑和哭泣吗？对这些信号的响应机制现在仍然存在于我们的身体里。

我们聆听时使用的是同样的架构，因此也具有双重性。一方面，人的声音可以激活我们神经系统内的战斗—逃跑—停住的反应机制；另一方面，它也可以激活我们的社交参与系统，让我们安心、舒缓并试图联结。

我们的说话方式也为词语增加了另一个感情维度。人类通过控制喉头和声带上的空气流动来发出声音。从出生到死亡，我们的话语都伴随着呼吸，呼吸为我们的身体细胞提供了氧气。让我们暂停片刻品味这句话：我们说话时使用的生理机能，与维持我们生命能量的生理机能相同。

进一步说，我们的呼吸（以及我们的言语）与我们的神经系统之间存在直接的相互关系：一种变化会对另一种产生影响。当我们感到兴奋、焦虑、恐惧或好斗（任何程度的交感神经兴奋）时，呼吸就会加快；当我们感到放松、舒缓或安定（任何程度的副交感神经钝化）时，呼吸则减慢并加深。

其中一部分原因是呼吸在我们的自主神经系统中占有异常重

要的位置，而神经系统调节着我们身体的基本功能。呼吸是有意识同时也是无意识的，它可以自动运行，也可以被我们的意愿控制，说话就是我们有意识操控呼吸的最常见情况之一。

所有这些对我们进行正念沟通的训练都具有特别的意义。当我们了解呼吸、言语和心理情绪状态之间的关系时，我们会得到更多的经验并拥有更强的自我表达能力。在我们共同探索的各个阶段，我将为你提供一些建议，告诉你如何利用有意识的呼吸来抓住听众的注意力，控制强烈的情绪并使自己在紧张的情况下保持稳定。

建立在这种生理基础之上的，是我们的呼吸、声音和认同感之间错综复杂的联系。声音是我们最亲密和最私人的方面之一，对大多数人来说，它是我们的主要表达方式，是他人认知我们特征的方法。成年后，在所有发生变化的形态中——我们衰老的身体，沧桑、布满皱纹的脸，只有声音变化最小、最慢。

我们对自己身份的认识也常与声音紧密联系在一起，除了我们声音中独特的个性，还要考虑我们想如何向他人展示自己。名字是最常见的认知机制之一，这个词代表着我是谁。发生冲突时，对我们的身份或形象的攻击可能是伤害最大、最难驾驭的。

除了沟通的这些基本的生理和心理组成以外，在日常的听说活动中，情感、阶级、文化甚至一些神秘的领域也在发挥作用。即使一次简单的交流，也存在复杂的成分，所以我们的沟通会如此精准。

多维整体体验

我希望你能开始认识到，人际沟通不仅仅是语言交流，它是一个多维的、身体的、生动的体验，涉及我们存在的各个方面：感觉、思想、记忆和历史。它同时包括言语、心理、情感和身体。

沟通包括我们如何使用自己的声音——说话的语气、音量和语速，也包括肢体语言和触觉。我们还通过沉默来沟通：没有说出的话以及语言的空隙；我们内心的独白——我们如何思考以及与自己对话。我们的交流甚至还会受到社会条件和历史文化的影响。

沟通中还有一个根本的躯体元素：言语的振动和我们主观体验到的实体性。沟通是动态和实时变化的。富有技巧的沟通要求我们适应内部和外部世界，并不断适应当下。

沟通也是整体的，它跨越了我们生活的所有边界。我们可能将时间划分为个人、社交和工作部分，但这些界限只是相对的，因为生活是整体的。我们扮演的各种角色（父母、孩子、朋友、老师、学生、员工）是一个完整的人相互联系的不同方面。在不同的环境中，我们的说话或行为方式可能有所不同，但是运作的基本程序是相同的。

我们可以让这种整体性为己所用，一个领域的变化会牵涉我们生活的其他方面。在进行简单练习的同时，培训的参与者通常会对生活的核心模式拥有深刻的洞察力。

在一次静修暂停练习后，一名女性参与者意识到自己语速太快在很大程度上是轻微的社交焦虑所致，所以暂停有助于她更加深思熟虑要说的话以及为什么要说。

在学习新的沟通方式时，我们会与整个丰富、多层的领域以及其中包含的所有本能进行互动。为了让沟通习惯得到持久的改变，我们需要实现小的、渐进式的转变。

人类是复杂的生命系统，在处理复杂的系统时，小的改变可能会牵一发而动全身，产生深远的影响。就像要将一艘海上巨轮调转方向，如此巨大的船是无法急转弯的。但是，慢慢校正方向舵的一度或两度（如果保持稳定），随着时间的推移，船就可以朝着完全不同的方向行驶。

训练我们的语言，改版我们的思想

考虑到人与人之间的沟通涉及方面如此之广，重新训练会是一项艰巨的任务。那我们应该如何有效地处理沟通——这个让我们与世界联结的核心方式呢?

幸运的是，我们拥有做到这一点所需的一切——现代神经科学和心理学知识，清晰的方法以及将知识转化为实践的支点。这个方法就是投入、意愿和注意力三步训练法。支点是正念，即我们保持意识稳定和视线清晰的能力。

显然，这些模式需要改变。如果我们要过更有意义的生活，共同应对这个地球上政治、经济和环境中发生的根本变化，那么我们必须学习如何彼此倾听并进行更有效的沟通。

在学习本书的过程中，我建议你研究自己的思维和言语，让

自己的想法和习惯做出细小的变化。如果坚持下去，这些小的变化将带来言语、人际关系和生活中持久的变化。

总结

鉴于沟通的复杂性，随时间推移而产生的渐进变化最容易带来质变。

关键点

出于多种原因，对沟通的投入十分具有挑战性：

我们还没有练习过；

它让我们触及了自己的弱点；

它可能刺激我们进化中产生的安全机制；

灵长类动物间的眼神交流可能表示攻击性；

人的声音会令人身心舒缓或感到威胁；

言语交流将我们的呼吸、神经系统和自我意识联系在一起。

沟通是多维、整体的，它包括：

语言信息的交流；

非口头交流；

我们在内心与自己的对话（认知经验）；

我们的情绪、情感体验；

我们的躯体、身体经验；

个人、心理、社会和文化条件。

问&答*

问：我发现说话时保持投入容易，倾听时保持投入却很难。这正常吗？

答：每个人都是不一样的。对某些人而言，处于接受模式时更容易投入，而对另一些人，却是表达时更容易投入。如果你留意观察，甚至会发现与不同的人交谈时情况也会发生变化。这条信息很有用，我们希望利用自己的优势，发展自身能力，在说话和聆听时都能做到投入。

*每章末尾的“问&答”中的许多问题都是基于实际研讨会和静修会中对学生的文字记录。

问：您提到了暂停。但是我在大多数对话中无法做到这一点，因为担心自己会失去说话的机会！

答：对自己的声音要有信心，相信我们有机会可以说出自己的想法，这一点非常重要。我希望所有的方式和方法都可以支撑这种内心的平和。有意识且长时间的暂停更是一种训练。在某些对话或关系中，可能需要长时间的停顿，但总体来说，短暂且不明显的停顿更有助益。

第二章
正念的力量

> 活着本身就是神秘而神圣的。它是对一些太重要而不能忘却之事的感知。
>
> ——克里斯蒂娜·费尔德曼（波兰著名女演员）

我父亲出生于1940年，在英属巴勒斯坦的一间小棚屋里长大。我的祖母养鸡、山羊和兔子，而祖父则是一个泥瓦匠，还经营着一个报刊亭，出售杂志、糖果和新鲜果汁（他们十几岁的时候从白俄罗斯和波兰搬到这里，以寻求新的生活）。父亲是三个孩子中的老大，十三岁时就被送到了一个集体农场，以减少家里口粮的负担。

最近他告诉我，在集体农场的头几周里，他每天晚上都会站在自己的房间里，看落日照在田野上。他告诉我日落是多么美丽，让他感觉如此宁静。

“可是几个月后，当我坐在房间里仰望天空，看到太阳落山时，我就不再那么有兴致了。”他停下来，沉默了，“这件事一直困扰着我——为什么我不再注意日落了？”

很多时候，我们处于混沌的状态，感官和活着的直接体验处于脱节状态。我们的注意力在其他地方，在思考过去或未来，计划着，担心着，回忆着，后悔着。我父亲的故事中的这个关键时刻，我们每个人在一生中都会经历很多次。而在发现自己是在没有意识地生活时，我们该如何做呢？

联结的基础

正念使我们寻回了生命的意义，使我们能够享受日落之美，从一棵神奇的老树或人类亲密关系中感受到神秘与喜悦。此时，我们是全心全意投入的，这些时刻的强烈力量让我们自然而然地与自己以及周围的世界紧密相连。

我们随时都可以进入这种正念的投入状态。不论是准备餐食、与家人聊天，还是感觉清晨的微风滑过我们的皮肤，都能为平凡的生活带来丰富的体验。它使我们能够欣赏生活本身，并优雅地渡过难关。

正如我前面提到的，正念的投入在沟通中也起着至关重要的作用。道理很简单，因为我们首先需要投入，才能理解。你是否曾经尝试过与心不在焉的人交谈？或者对方在和你交谈的时候拿出智能手机（或者当对话不够紧凑时，你可能也做过同样的事情）？多少次只是因为谈话双方中有一人没有认真聆听，或者说话的人说个不停，我们就争吵不休？其实，我们只要简单地慢下来并且更加投入，很多对话中的问题就可以避免。

正念就是以一种平衡而波澜不惊的方式，投入当下。

意识不仅仅是理解的先决条件，投入也为联结奠定了基础。当听者投入地倾听时，我们能感觉到投入可以给人鼓舞，为说话者提供空间，并为互动打开大门。这种实时在线的意识是进行有效、健康对话的基础。没有意识，我们的大脑就在空转，并且不经意中为联结的断开播下了种子（如果没有做到正念，那么我们很可能是盲目的）。

投入为联结奠定了基础

讽刺的是，保持正念实际上并不需要付出太多的努力。从长远来看，与无意识时我们浪费的能量相比，有意识反而会为我们节省能量。

我们多久才会花时间进行一次面对面的交谈？匆匆忙忙的一天，我们跌跌撞撞地进行了很多对话，屡屡受挫却不知道为什么。

那么，为什么我们不能从清晰、扎实的自我意识开始，带着沉着冷静和尊重开始与另一个人的接触呢？

用投入来引领沟通是进行有效对话的第一步，这是一个丰富而深入并涉及多个方面的实践。从根本上来说，它意味着我们全身心地投入到一场对话中。

用投入来引领沟通也意味着我们要努力在整个对话中保持意识。这是一个持续的过程，我们会一次又一次重新投入其中，尽可能多地以意识来聆听和说话。做到这一点需要实践，尤其是在困难的沟通中。掌握了这项技能后，我们的神经系统就会记住如何重新投入，就像陀螺仪找到重心一样，当处于空转状态或陷入条件反射状态时，我们能很快意识到这一点并进行调整。

那什么是正念的投入呢？简而言之，正念是以一种平衡而波澜不惊的方式投入当下。就像博物学家以灵敏而锐利的洞察力，带着清醒、兴趣和惊叹，耐心地研究自己的课题。

正念不是纯粹的心理体验，它是对生活丰富性的一种亲密而具体的认识：感觉、情感、声音、景象。为了防止我们将正念与心理练习联系起来，我用投入一词来指代正念的体验。

为了说明这一点，让我们来做一个简单的实验。

练习：感知身体

在你阅读本书的此时此刻，你能意识身体是坐着的吗？也许你感受到了身体接触椅子时的沉重或压力，或者脚在地板上的触感。继续将你的注意力引向此处，在我提醒之前，你刚刚有这些感觉吗？

这说明，让我们意识到直接体验的存在是多么困难。

正念的投入有助于我们调查我们的经验，它就像放大镜一样，是我们用来改善视力的一种工具。它使我们能够观察到实际的沟通过程，我们的讲话、聆听甚至我们的思想、内心世界的感知和情感。

正念包括一定的持久力和保持意识的能力，有助于我们记住所学的方法。如果我们了解各种沟通技巧，却总是忘记它们如何使用，那又有什么意义呢?

正如你刚刚经历的那样，一时的投入很容易，难的是保持这种意识状态并持续下去。你是否仍然能意识到自己身体是坐着的? 这就需要通过耐心、渐进的重复练习来积极地强化投入的能力。

依靠优势

强化我们的投入能力从确定我们的优势以及需要发展的潜在领域开始。

练习：反思投入

什么有助于保持投入状态? 又是什么妨碍了投入? 花时间考虑一下这些问题，并以表格形式将两项分别列出。

你对这个问题的思考越深入，就越会对发现的内容感到惊讶，你可能会发现自己已经对投入有了很多了解! 以下是一些常见的例子。

有助于保持投入状态的因素

慢下来。呼吸。与朋友相处。拥抱自然。触摸。音乐。阳光。雨水。美。

妨碍投入状态的因素

压力。疲惫感。饥饿感。匆忙。恐惧。欲求。不耐烦。感觉受到威胁。缺乏安全感。

我们越了解有利和不利于保持投入的特定条件，就越容易在生活中发现它们。例如，我在着急时往往不能投入，这意味着我在这种情况下，身体状况或关系方面更容易出现问题：我可能会在厨房里丢失东西、忘记吃午餐，然后说一些刻薄的话。

几年前我曾有过一个深刻的教训。当时我的女友埃文刚刚结束在冥想静修中心一年的服务，我参加了为她举行的欢送会。我们计划在晚会结束后沿着加利福尼亚海岸开车北上。为了这次旅程能够完美，我预约了车载收音机的安装服务，希望这次行程经典又浪漫，一切都要尽善尽美。

随着预约时间的临近，我越来越担心因为欢送会而错过了安装服务。看到活动还没有结束的迹象，我终于按捺不住，宣布我们有别的事要办需要尽快结束活动。为了避免尴尬，埃文只能随我一起离开，但是在我们到达汽车修理厂时，她却哭了。她对我很气恼，因为安装服务而提前结束了这个对她来说很有意义的活动，同时她也生自己的气，因为当时没有做反对我离开的决定。所以，在打造一次“完美旅程”的过程中，我却忽略了女友原本已经很开心的事实。

那起事件给了我很多反思，我认识到失去对当下的投入会产生意想不到的痛苦后果。当然，这只是让大家管中窥豹的一个小例子。因为认识到匆忙可能产生的代价后，我现在更加适应这样的情况。内在的压力是在告诉我们："注意，你已经心不在焉了！"它不是让我们不能投入，而是提醒我们去投入。

人类文明中几乎所有事物都指向投入。现代社会，谋生的压力让我们在时间和精力上都捉襟见肘，几乎没有余力去培养正念。现下即时的触屏文化更让我们每天被淹没在指向未来的信息中，试图使我们相信，幸福来自下一次快乐、新奇的玩意儿和诱人的体验。新闻用算法最大限度地提高我们的参与度，从而进一步让我们分散注意力。在信息和消费的迅猛发展中，生活中人与人之间面对面的互动越来越少。你有没有注意到，在公共场所、公园和餐馆里，有多少人的注意力粘在手机屏幕上？然而，无论我们在网上徘徊多久，在思绪里迷失多久，我们最终都会回到自己的身体中。

认识投入

我们在自然状态下是放松的，带着开放的警觉，其特征是满足和幸福，这是天生的。从进化历程上来看，人的本性让我们与当下紧密深刻地结合。即使在现代世界的匆忙和搅扰中，投入也是常常发生的事。我们可以积极增强自己，维持在这种平衡状态中的能力，意识到自己何时已离开这种投入状态，从而能迅速地返回这一状态。

练习：定向

通过以下基本练习可以回到自然的投入状态。

花几分钟看看周围，不论你看到什么，都带着好奇去探索。你是否看到了新的或者不同的事物？当你环顾四周时，让头部和颈部也随着目光移动。

注意感受观察这一体验本身：形状、颜色、光、线。哪里自然地吸引着你的目光？什么有趣的地方让你注目凝视？继续按照自己的节奏进行探索。

注意环顾四周后的感觉。你可能会发现在身体安静下来后自己会自发地深呼吸，这样使用眼睛、头部和颈部，可以激活迷走神经，并向我们本能的保护机制发出信号，表明目前没有来自周围的危险。记得随时尝试这种定向练习，环顾四周并注意身心的变化。

诚实：投入意味着真实

用投入来引领自己并不意味着我们一定要有某一种特定的感觉——如果是这样，投入就极为有限了。投入意味着真实，愿意对自己诚实，对自己的感知实事求是。

有时，我们会分外地虚浮，可能会感到紧张、愤怒或激动。正念最有力之处就在于，不是让我们去经历特定的体验，而是去了解并感受正在直接发生的事，却不沉溺于自己的反应。对话中的投入意味着接受其中产生的体验，并承认：这是事实，这就是现在正在发生的事情。

这并不意味着我们纵容不良的行为，或者不加辨别地接受他人的立场；也并不意味着一定要采取强有力的行动，或者一定要说出我们脑海中的一切。这只能意味着我们承认正在发生之事的真实性。如果我们对正在发生的事情都不能做到诚实，又怎么能彼此倾听，甚至找到解决困难的方案呢？

这种诚实让我们对自己内心和周遭世界发生的事有更可靠的理解。我们学会随时感知自己的感受和需求，并能更准确地读出他人经历的体验。这一点反过来会给我们帮助，让我们知道如何说话更能被倾听，更有助于事情的进展或分歧的解决。

原则

用投入来引领自己，带着意识开始对话，回到并努力保持这种意识状态，并诚实地面对所发生的事。

油量指示灯：投入与反应

我曾经在加利福尼亚州奥克兰市的一个小学教孩子们正念。他们告诉了我许多自己如何使用正念来处理强烈情绪的故事。一个男孩说他太生气了，想踢自己的妹妹！

他说："这时我想起了正念呼吸，深呼吸了几下，然后就平静了下来。"

当紧张局势加剧时，存在感让我们保持理智。我们对投入的感觉越熟悉，就越容易意识到自己正处于被激怒状态，就像汽车上的警告油量过低的指示灯一样。如果我们能够捕捉到这种预警信号，就可以避免很多麻烦。当你生气、害怕或受伤时会发生什么？是不是会呼吸加快，下颌咬紧，发热或冒冷汗，大脑开始处于一片空白？此时，你可以用正念来捕捉这些信号，为自己留出空间来选择如何应对，而不是“踢你的妹妹”。

原则

我们越是了解，就有越多选择。

感觉到自己处于被激怒的状态并不是“坏事”，它是生活的正常组成部分，没有意识到这个状态才有问题。然而，现代生活的紧张步伐使我们中的大多数人始终处于心绪不宁的状态，通勤的压力、工作中的任务甚至摄入的咖啡因都降低了恐慌的阈值，让我们无时无刻不在警惕状态，如果不加以控制，可能就会导致不必要的人际冲突。在练习正念时，我们将学习如何稳定地平复激动的情绪，即使一些简单的事，例如长时间或缓慢地呼吸，也可以让我们的神经系统渐渐平静下来。

正念训练

投入可以是随时随地、灵活变化的，这一点让我欣喜。你可以在任何时间、任何场合进入投入状态而无须任何特殊设备或条件，甚至他人都不会知道。你可以通过感受自己的呼吸和身体，通过留意声音、思想或感觉，在日常生活中练习正念。

在进行对话时，拥有正念这样轻巧灵活的工具非常重要。我建议你每天花一些时间进行正式的正念练习。拥有正念这个工具就像拥有了一把万能钥匙，可以打开你心灵和思想的诸多大门。即使几分钟的练习，也会对这一天产生积极的影响，为你带来新的活力、清晰感和目标感。

培养投入最可靠的方法之一是将我们的注意力引导到身体的感觉上。当我们穿行于这个世界中并与他人互动时，注意力往往集中在视觉和听觉上，或者被对过去或未来的想法所转移。而通过将注意力集中在身体上，便可以抵抗这一倾向，使我们的意识得到休息。当你将注意力集中到一种感觉上时，你在这一刻就是投入的。

在这里我将分享四种培养投入的主要方法。每种方法都通过一个特定的感官体验（称为参考点或锚点）来将注意力引向身体：体重、中心线、呼吸和包括手或脚等的接触点。

锚点是我们返回以加强正念投入的参考点。

练习的目的不是你要掌握所有这些知识点，而是希望能帮助你找到一两个可以在生活中更加实用的方法。请按照以下说明进行尝试，你可以进行某项单独练习，也可以按顺序进行系列的练习。在练习时，请思考哪种方法最适合你，最好的方法就是能让你更快更好地进入投入状态的那一个。

练习：让身体脚踏实地

方法1：寻找重力

让我们自然坐下，先花一些时间来适应周围的环境，环顾整个房间，找到一种竖直且放松的坐姿，轻轻地闭上眼睛，深呼吸以帮助身体平静下来。

感受身体对于体重或沉重的感觉，你可能会注意到身体与椅子的接触，椅子表面任何的坚硬物或凹陷。你可能会感觉到整个身体都坐着，感觉到身体的重量或温暖。将注意力停留在重量感上，你能感觉到重力向下的作用吗？

当你发现注意力开始涣散时，先暂时听任它，然后将它收回到对身体重量或沉重感的感觉上来，并在此处锚定你的意识。

方法2：中心线

接下来，将注意力转移到上身，感受沿着骨盆和腰部向上延伸的躯体，你能感觉到自己的背部、肩膀和脖子吗？看看你是否能感觉到上身的中间线或中心线。尝试感觉自己的脊椎从尾骨一直延伸到背部，直至头顶。或者想象在你躯干的中间有一条向下的直线，它位于身体左右两侧之间的中间位置，介于前后之间。

移动躯干可以帮你找到这条中心线，稍微前后摇摆，直到感觉到中间的平衡点。最后，将肩膀和上半身向任一侧旋转一或两个角度，你能感觉到身体旋转围绕的这条轴线吗？那就是中心线。看看自己是否可以将注意力集中在身体的中心线上，如果可以，这下你就能感觉到自己的身体有多么挺直了吗？

方法3：呼吸

当你安静地坐着时，请调整呼吸，看看自己是否可以让注意力停留在吸入和呼出的感觉上。

你无须屏蔽其他感觉、声音或想法，只需将呼吸调至稳定的节奏，就像在海滩上听浪涛声一样，让呼吸自然地进入聚焦状态。

思绪可能会随着想法、声音或其他经历而飘散，这是正常的。当你意识到这点时，慢慢地将注意力重新带回到对呼吸的感觉上，领会正念不断增强的感觉。

方法4：接触点

探索身体中感觉更为丰富的特定区域。首先，将所有注意力都放在手中，体会那里所有的感觉：温暖或凉爽；刺痛；脉冲或沉重感；湿润或干燥感。将注意力集中于手体验到的感觉上，你也可以感受手触摸或放在腿上的感觉。

将注意力转移到脚上，感受一下那里的所有感觉：温度、重量、质地，与地板的接触以及来自鞋子的压力。

你可以在身体有强烈感觉的其他任何部位上（例如嘴唇、舌头或眼睛）尝试此练习。当心绪涣散时，请慢慢将注意力带回这些位置。

转移注意力

最后，尝试将注意力在这四个区域之间转移：重力、中心线、呼吸和接触点（手、脚、嘴唇）。哪个区域最容易到达？哪一种方式可以帮助你最自然地进入投入状态，最能让你轻松且实实在在地感受到当下？

准备好之后，请睁开眼睛，环顾房间，重新适应周围的环境，花一些时间来反思一下这个练习，你想通过哪一种方式来进行投入训练呢？

每种方法都有其自身的优势。向下的重力能平衡谈话中受到刺激而向上的注意力；中心线可以带来内在的力量和清明；呼吸可以让我们心绪舒缓；接触点可以消解情绪压力。你也可以发挥创造力，探索适合自己的增强投入方式。有人就将光滑的石头放在口袋里，借助石头的重量让它变成真正意义上的试金石。

将投入融入生活

你可能只需要花几分钟就可以读完前几页，但要将这些实践真正融入生活却需要花费很多时间。从一种方法入手，并尝试在三个不同的情境中进行练习：独处（正式冥想时），零碎时间（排队等候，通勤时）和交谈中（从聆听时开始）。

独处时，将注意力完全放在锚点上。在零碎时间中，如果条件允许，尽可能多地将注意力集中在那一刻。与他人互动时，只需将意识提高10%到20%。刚开始，在对话中你可能还不习惯这样做，会感到注意力好像在当下发生之事和锚点之间来回切换。这是完全正常的。随着时间的推移，你的大脑将学习如何在外部感官数据与扎实的内部投入之间找到平衡，并在对话过程中保持对身体的轻度意识。

最初主要是简单地记住要投入。一个办法是每天早晨花一些时间制订计划，设想一天结束时的情况。这样的练习可以很短，只有两分钟，如果你有时间的话，也可以长一些。

练习：开始和结束一天

早晨：刚起床时，深呼吸几下并感受自己的身体。将注意力转移到你选择的参考点：重力，中心线，呼吸或接触点。注意现在出现的感觉。然后，明确要回到此参考点这一意愿，以尽可能多地让自己保持状态。设想一下你今天练习的情景：在通勤时，开会时，与特定的人在一起时。

晚上：在一天结束时，花一些时间进行反思。你是否能够记得？在什么时间？产生了什么影响？保持好奇和热情的态度，警醒任何对自我的审视。明天想做些什么不同的事？你是否有办法可以让自己记住如何用投入来引领？

这种有条理的日常练习对训练思维非常有用。在翻看本书中的建议时，你可以看到同样的流程被用于发展正念沟通的三个基础及其相关方法。

通向韧性之门

在一次研讨会上，一位参与者举手发言，并以痛苦的语气问道："如果投入会带来痛苦呢？"有时候回到投入状态会带来迎头一击。就像把车开到了每小时150公里时，忽然慢下来，重新与自己建立联系，我们会感到身体不适、压力和痛苦情绪的积压。

我们经常通过分散注意力或娱乐来缓解疼痛和不适。这有助于饱受困扰的神经系统重新获得平衡。危险之处在于，日复日，寻求抚慰渐渐成了我们处理所有不适情况的条件反射方案。随着时间的流逝，我们对痛苦的忍耐力会越来越差，以至于不立即采取措施就完全无法忍受。

但是，用真正的关心和投入来解决疼痛，就会发生令人惊奇的效果，那就是康复。有了耐心和持续的关注，痛苦情绪就会减轻。回想一下，在不幸中感受到他人的同理心与投入时的感觉。

十九岁时，我开始在位于世界另一端的印度的一所寺庙里学习佛法。我当时很想家，所以留学主任就鼓励我与一位冥想老师谈谈自己的感受。

戈德温·萨马拉拉特恩是一个高高的斯里兰卡人，有着柔和的眼神和欢乐的笑声。他深棕色的皮肤与传统的白色服饰形成鲜明的对比。我们在一个阳光明媚的房间里彼此面对面坐着，戈德温在听我谈论自己如何想念家人和女友。过了一会儿，他微微偏头，问道："你哪里疼？"

我指着胸口，并直接感觉到了那里的疼痛。

当疼痛从心脏移到喉咙，我泪如泉涌。戈德温抬起头凝视着我，缓慢地点头。伤痛一下子变得更加强烈，然后逐渐减弱直至消失。我笑了，并对他表示感谢，以为他做了什么神奇的事消除了痛苦。很久之后我才明白，实际上是他的同理心让我投入自身，去感受痛苦并让它消失。

当我们深入研究沟通习惯背后的模式时，可能会产生痛苦的情绪或记忆。投入是应对此情况的重要方法，是通向韧性之门，帮助我们重获自己与生俱来的身心自愈能力和自我调节能力。正如我们的细胞可以修复伤口一样，我们的灵魂也知道如何治愈情绪的伤口。只要肯花时间，认真地投入，我们的心就可以修复。

建立正向反馈回路

当你努力在生活中更加投入时，可能会注意到这有多么难。我早期的一位冥想老师喜欢说："正念练习很简单，但并不容易。"我们可能一整天都不能做到一次投入！而当我们终于想起来要投入时，反应常常是自我批评。

我们对自己会有如此不合理的期望，就好像从一开始自己就应该是专家。忘记投入是完全正常的，所以对此要有心理预期。换一种说法就是：能记住是了不起的。我们的沟通习惯太过强大，就像前文提到的让海上巨轮调转方向的类比。我们要做的，是找到“保持舵的角度”的方法。会话中即使只有片刻的投入，也将带来深刻的变化。

成功的关键不是因为忘记而苛责自己，而是要因为记住而欣赏自己。每一刻的正念都会增强意识，这值得庆祝而不应批评。热心的鼓励相比痛苦的批评，会让我们学到更多。就像辅导孩子数学，如果每次他们犯错时你就会生气，那么这个孩子又能学到多少？他还会热心学习数学吗？

如果你能深刻理解这句话，正念就会增长得更快、更愉悦、更轻松。其中的秘诀就是耐心和善良的坚持，尽可能用投入来引领，剩下的会水到渠成。

投入的力量

尽管我们能做到雄辩滔滔，但言语往往无法表达出生活中最有意义的事。在充满爱与亲密之时，或是在遭受巨大损失和上演悲剧的时刻，我们简单而持续的投入有时表达得更多。

我一生中经历过最艰难的时刻之一就是与祖母萨夫塔的永别。当时她的癌症已转移，十四岁的我和父亲一起踏上了回以色列的旅程。

萨夫塔祖母和我语言不同，但每次我去看望她，我们都会一起度过许多温馨的时刻，比如玩纸牌游戏或只是拉着手笑。她拥有最神奇的双手，它们又小又结实，可以扭断鸡脖子，也可以温柔地抚摸我的脸。她手上的皮肤虽然满是皱纹但又非常饱满，我到现在仍然可以感觉到那双手的温暖和活力。

我和父亲每天都去疗养院探望她。在最后一次探访中，我们三个人在院子里待了一段时间，然后回到她的临终关怀室。我含泪用自己不熟练的希伯来语告诉她我爱她并且会想念她。然后，我们手握着手沉默了片刻。

这是无言的告别，也是对我而言最有意义的告别。

有时候，最能说明问题的是我们的投入。

总结

投入为联结奠定了基础。

用投入来引领，带着意识开始对话，回到并努力保持这种意识状态，就正在发生的事情对自己诚实。

我们越是了解，就有越多的选择。

关键点

投入具有一系列好处：

它使我们重获生命，让我们重回当下。

它有助于我们记住所学到的沟通方法。

它为我们提供了有关自己和他人的重要信息。

它能向我们发出预警信号，让我们及时意识到自己被激怒或感到沮丧。

它提供了一个用于管理情绪反应的容器。

它有助于我们治愈伤痛。

投入是我们的自然状态。我们可以通过以下方式培养投入：

以警惕和平衡的方式适应周围环境。

确定哪些因素可以帮助我们保持投入，哪些因素使我们脱离投入。

练习身体的正念，并通过锚点让身体脚踏实地：重力、中心线、呼吸以及诸如手或脚之类的接触点。

有计划地开始和结束一天。

欣赏自己的投入而不要因没有投入而自责，以此来建立正向的反馈回路。

问&答

问：有时我对说话人所说的内容能非常投入，但我不能同时感知自己的身体，这算投入吗？

答：有很多投入的方式。我们可以在认知上，用智力投入；在情感上，用感觉或需求投入；在躯体上，用身体的方式投入。我们的目标是整合所有这三个领域，以身体作为投入的基础可以带来整体性，并为发展其他形式的投入提供基础。

问：当我与家人交谈时，我试图更加投入，以至于说话或倾听都变得很难。我似乎变得更加被动了，这是怎么回事？

答：感觉内在的动向可能会让人不堪重负，尤其是在艰难的谈话中。有时，更多的投入可以揭示表面下暗流汹涌的感觉或动态。而有时，我们可能会更加感到坦率却脆弱。这些都可能导致我们迷失方向。我建议你继续投入。无论发生什么，都尽可能保持平衡，因为如果不投入，大脑就在空转。如果感觉不堪重负，你可以告知对方："我很想继续讲话，但觉得有点应接不暇，我们休息一会儿再谈可以吗？"

问：很多时候，我都没有足够的安全感可以放松或投入，在没有安全感的情况下如何练习投入？

答：这个问题让我非常感动。对我来说，它既表明了我们渴望联结，也揭示了我们的脆弱。社会中有很多事情都不支持我们拥有机体所渴望的这种熟悉的放松：温暖轻松的社会联系和归属感。我希望大家能够在更大的社会结构背景下认识个人经历，否则我们就容易陷入个人化的陷阱，认为这些挑战是我们自己的错。

考虑到现代文化与社区和归属感之间的脱节，以及经济压力如何挤压了建立健康的亲子关系时，我们当然不会感到轻松和安全！源于性别、性取向、种族、阶级或社会地位等方面的负面经历，可能内化为我们对于安全感的缺乏。重要的是要确定，在哪些方面我们可能需要获得支持、寻求资源，并且通过应对其结构性原因来解决这些问题。

对我们的假设进行研究也很重要。安全感可以归结为对情感安慰紧密的依赖。安全是虚幻的吗？我们尽一切努力预防和制止伤害，但同时也认识到世界不论对我们的身体还是心理而言，都是不安全的。这样的认识并没有增长我们的恐惧，而是带来巨大的活力和自由。

我分享的方法和观点有助于为轻松和自我联系建立坚实的基

础，从而使我们的安全感源于内部而非依靠外部。在这里，“从浅水区开始训练”这一原则至关重要。从让你感到更安全，更放松的人或环境开始练习——可以是你的宠物或是你喜欢的一棵树。我们的神经系统喜欢良好的社会参与所带来的舒缓感觉。如果我们创造适当的条件并给予机会，我们的身体根据几千年来人类的经验，自然会知道如何联结、分享和倾听。

第三章
关系意识

真正的生活在会面中。

——马丁·布伯（奥地利哲学家）

在交谈中，习惯的力量和社交环境的压力会使维持投入状态变得异常困难。这时，我们内部的实践就能发挥作用。我们可以把对话本身作为投入的训练场，使用技巧将意识固定在交流中，并发展关系意识的能力。

经过五年专门的正念练习后，我参加了沟通培训，并注意到一些变化开始显现。当我说话和倾听时，会自然而然地带入更多的意识。我还对讲话的流程进行了简单的调整，在中间进行停顿或微微改变语速以调节神经系统。最终我学会了从自身体现的角度来扩展自己的意识，去包容他人和联系我们周围的空间。

选择点：说话和倾听

有意识地选择何时说话以及何时倾听对于有意义的对话至关重要。某种程度上说，这是沟通中最基本的技能。有多少次话刚出口你就后悔了，想收回自己说出的话？或是匆忙点了电子邮件的“发送”键，但原本你应该再多思考一下的？勇于发表自己的观点是很重要，但该说话却沉默不语时，我们会感到，让自己或所爱的人失望了。

对话是每个人在说话和倾听之间做出选择的动态互动。当选择是有意识且带着尊敬时，对话往往会更富有成效并令人愉快。如果这些选择是无意识且冲动的，那么对话往往没有效率且充满压力。

我称此为说话和倾听之间的“选择点”。当我们投入时，每时每刻都可以选择。我的一位非暴力沟通同事会使用单词“wait”来提醒自己。他会问“我为什么说话”来指出我们总是急于轻易开口说话；他会问“我在想什么”来追踪促使我们说话的心理过程。

选择点是意识的时刻，我们在这一时刻决定是说话还是倾听。

在选择点保持投入需要经过练习。有时候，选择点从我们脑海里飞快地划过，就像当我们在高速公路上以每小时105公里的速度飞驰时一闪而过的指示牌。说话的冲动有时如此强烈，以至于我们只是为了释放内心的压力而开口。如果我们平时倾向于保持安静，那么在我们发出声音之前，话头就又消失了。

这就是正念出现的时机。在冥想中，我们学会了如何在不立即做出反应的情况下观察不适的感觉（膝盖疼痛，背部酸痛）。我们培养了在不采取行动的情况下意识到情绪冲动的能力。

我们在谈话中所感到的焦虑通常源于我们希望被更深层次地了解和聆听，以及对安全、被接受和归属感等的高需求。我们对这些需求能被满足的信心越低，说话或保持沉默时感到的压力就会越大。我们会担心，如果现在不说话，就永远没有机会了。或者，我们担心如果自己说出某些话，会招致灾祸或与他人失去联结。

我们有更多的方式去满足这些需求（或在需求未满足时巧妙地处理它们），让说话或保持沉默时感到的压力减小。我们可以轻松地进入对话，畅所欲言，没有危险，也不必急于把所有话都一口气说出来。如果是重要的话，我们会在正确的时间以正确的方式说出来。

这种能力发展比较缓慢，在练习满足需求的过程中，我们要学会信任自己。留意所有小的成功有助于我们让神经系统恢复平静。有了新的让神经平静的标准，我们就不会轻易说话，也不会觉得难以开口，会更明智地懂得如何顺利推进一段对话，以及如何平衡对话各方的需求。

练习：选择点

请选择一个让你觉得容易沟通的人进行练习。这种熟悉感会使学习更加容易。在对话过程中，请注意自己会在什么时候选择说话。如果你发现自己在讲话时没有有意识地选择这样做，请试着停下来，并留出空间让其他人继续。请注意，要主动选择说而不只是自动地、无意识地开始说话，特别要注意自己是否有发言的冲动或不愿发言，又或者内心有任何的压力感。

如果有这样的压力，将它作为信号以做出更明智的选择。

会议

与一对一的对话相比，在会议中保持沉默更容易。下次开会时，请你注意，随着谈话的进行，自己说话的冲动是如何起伏的。如果你有重要意见要提出，请选择时机。你随时可以说："我想回到刚才我们谈论的话题。"

请注意自己说话后的感觉，感觉松了口气、焦虑还是自我怀疑？

书面沟通

尝试有意识地选择何时查收邮件或查看社交媒体推送（"倾听"）。互动时，在回答之前先停下来思考是否要"说话"。现在是好的时机吗？等待还是什么都不说会更好？

这项调查的部分目的是要了解我们自己的模式，我们是否比较轻易地自由讲话，很难为他人留出说话的空间？或者我们是否更习惯于倾听，很难站到前面讲话？

我们大多数人倾向于说或听中的一种。与我们的性别、种族、阶级、社会地位及其他方面相关的环境与事件往往会影响我们在人际关系中的表现。通过个人、媒体、故事和文化等形式，我们或明确或隐晦地接收了很多信息，让我们明白自己应该如何行事。经历过各种赞许或不认同，包容或不包容以后，我们会根据自己的角色和他人的期望找到最安全行事的方法。

我们要做的是找到这些模式并培养真正的表达自由。没有所谓的理想方式，也没有一劳永逸的万能之道，我们的目的是通过投入实现动态灵活，根据需要选择说话或倾听。

语速的力量：暂停

如果我只能教人们一种进行投入训练的方法，那就是暂停。一个停顿的空间可以使世界变得不同。一位同事讲述了他去监狱对囚犯们做心理工作的故事。他问这些人被判了多久，他们的刑期加起来通常都超过一百年。然后我的同事问道：“在犯了入狱的罪行之前，你花了多久时间思考？”

这个时间平均不超过两分钟。面对这种巨大的差距，我的同事向年轻人们解释说：“正念可以帮助你在冲动和动手之前停下来，以便让你有更多的选择，决定怎样过自己的生活。”

停顿充满了可能性。在一次呼吸间，我们就可以注意到思考、感觉和冲动，并选择自己要遵循哪一个。这就像是一种迷你冥想，是投入的一种融合，有助于保持清晰和平衡。暂停期间发生的事情有很多种可能性，我们可以将注意力集中在身体上，放松一下内在的紧张感，处理好自己的情绪防止爆发，或者整理思绪，考虑下一步如何进行。

暂停是对正念投入的支持和自然表达。我们对自己的身体越了解，就越能注意到神经系统的任何躁动以及语速或音量的相应变化。我们可以驾驭这股能量（例如表达出热情或挫败感）或及时刹车。

暂停是灵活的，其长度视情况而定，可以微微停顿一下，这在言语交流中几乎无法察觉。而这个时间正好可以让你把注意力集中到身体上，或重新调整意愿。

练习：暂停

如果你有一起做本书中练习的伙伴，请在计时器上设置五分钟，然后讨论你们最近干的开心的事。观察每个人每次说话前是否可以放缓一次呼吸，试着在陈述或思考过程中暂停片刻。同时在暂停过程中，你们将注意力转移到身体的参考点或投入的整体感觉上。

这会大大减慢对话的速度，并且可能会让人感到不自然，但这是一种训练性练习，旨在以一种有意为之的方式探索暂停和恢复投入的感觉，就像用慢动作练习击打网球一样。

你也可以在无关紧要的对话中有意地练习停顿。在说话或回应之前，请先放缓一次呼吸，以集中注意力在身体上。

这并不意味着行为怪异或必须缓慢地深呼吸！只是你可以放慢速度，停下来思考一下。

在对话中用不太明显的方式尝试此操作，在开始讲话之前或思考过程中暂停几次。这对你的心理状态产生了什么影响？对联结的质量又产生了什么影响？

暂停并不总是那么容易。即使我们记得这样做，也很难在对话中找到一个合适的机会来进行。我们可能会担心轮不到自己说话，或因为停顿而显得漫不经心。以下是一些具体方法，可以用来制造停顿，或表明你是在暂停：

◎ 做一个发出声音的深呼吸（尤其是呼出）。

◎ 用简短的语音信号来表明你正在思考，例如“嗯……”

◎ 采用一种视觉信号，例如向上或向侧面看或者皱皱眉头。

◎ “我不确定，我想考虑一下。”

◎ “让我考虑一下。”

◎ “我们可以暂停一下吗？ 我想要整理一下思绪。”

◎ “这听起来很重要，我要花点时间想想。”

◎ “我真的很想仔细考虑一下，我可以之后告诉您吗？”

如果其他所有方法都失败了，你也可以制造分散注意力的机会。比如当你在外面吃饭或开会时可以借口去洗手间。我甚至听说有一个同伴曾故意把钥匙或其他零碎物件掉在地上，以便在对话中暂停一下！

所以你可以发挥自己的创造力，给自己一些时间重新投入。

有时我们需要更长的暂停时间。如果我们确定现下的条件不利于进行有效的对话，可能需要休息一天，一周甚至更长时间。在这些情况下，我们如何暂停就显得很重要。如果我们只是简单地说“我现在不能谈论这个”，和我们对话的人就会自己琢磨其中的原因，他们可能会认为我们对他们不感兴趣，不在乎或者是在避开他们。

为了让我们的暂停不至于让对方无解，我们需要告知他们这一选择背后的原因，以下是一些例子：

“我真的很想继续我们的对话，但我现在状态不佳，可以休息一下，（明天、下次）再聊吗？”

“我真的很想听听您怎么说，但是感觉有点应接不暇，不能很好地倾听。我们休息一小时好吗？”

“我答应要一起解决这个问题，但现在我没有足够的空间进行思考，我想延后到……可以吗？”

“我想先结束这场谈话，我认为自己现在所说的话并无太大用处，我们先停下来以后再聊怎么样？”

仔细看看这些例子，你注意到什么共同点？

首先，它们都从我们建立联结的意愿开始（有效对话的第二步），这样可以避免对方将我们的暂停视为拒绝或躲避，也让对方明白我们在希望暂停时考虑了他们的想法。这一点必须是真诚的，在实际表达中你可以使用自己觉得真实自然的话语。

第二，每句话关乎我们自己的局限或愿望。我们很清楚，采取这样的行动是因为自己对暂停的需要，而不应该归因到对方身上。

最后一点，他们在末尾都提到稍后对话会继续，这一点有助于减少对方对事情发展的担忧，重新进行对话的时间越明确越好。

当我们使用这种暂停方法时，暂停（或没有暂停）会使我们适应谈话的节奏。这是一个值得探索的丰富领域，也是投入训练的有效方式。因为言语是呼吸产生的，而且呼吸与神经系统直接相关，因此语速通常直接反映了我们的内在状态。令人惊叹的是，语速的改变也可以导致我们内在状态的改变。

练习：调节语速

留意你在谈话中语速变化的时间和方式。什么速度让你感到最为舒适、自信和放松？什么时候你的语速缓慢又稳定？什么时候语速变得很快？你可以做到控制说话的速度吗？你的语速对交谈的气氛有什么影响？

选择一个简单且无关紧要的对话来进行实验。在讲话时，改变说话的节奏。语速加快，注意此举对身体、思想和整体能量的影响。慢一点，对你的思维状态以及身体产生了什么影响？对关系中的联结质量又有什么影响？

放慢语速通常会增强我们用投入来引领的能力，尤其是在冲突中，对话加速时将语速调回正常对缓解我们紧张的情绪也有好处。

以放松的语速说话也有助于我们在对话中争取空间，并使听者更容易理解我们所说的内容。当我们充满自信、胸有成竹时，通常会以放松的语速说话，不必着急。我们相信，自己要说的话很重要，值得一听，就会自然而轻松地呼吸，不疾不徐。一般而言，当我们以这种方式讲话时，话语更具分量，可以吸引并抓住听者的注意力。

请务必注意，没有所谓“正确”的语速。理想的语速可以促使我们投入并有助于我们建立联结。根据情况和文化背景的不同，语速的差异可能会很大。

在投入中成熟：相互性

随着时间的推移，用投入来引领会让对话的双方收获成熟而丰富的体验，投入照亮了他人的存在。对自己的了解越多，对他人的了解也就越多。这一观察结果是如此基础，以至于我们认为这是理所当然的。从定义上来说，关系意味着其中有你我二人！进行一场真正的对话意味着我们将对方看作是一个自主的人，有自己的希望、恐惧、梦想、欲望、欢乐和悲伤。

在南非，有一个名叫祖鲁的民族，他们有一句传统的问候语：Sawubona，即“我们见到你”。ShadeTree多元文化基金会主任奥兰德·毕晓普解释说："对此句的回应是Yabo sawubona，即'是的，我们也见到你。'"

当两个人在此相遇时做出Sawubona的手势，表示'我们见面了'。这是对彼此的协议，邀请对方进入自己的生活。"

那么，我们能否将这种对他人简单、深刻的认识融入我们的对话中？我们都有过被他人忽略或对他人视若无睹的经历。感觉就像别人是在"对着你"说话，而不是"对你"说话，或者好像你在和墙壁说话。缺乏相互性就是缺乏投入，对话变成了独白。这是收银员疏远的目光，是客服代表单一的语调。

我们会因为许多原因而失去相互性。当我们处于空转状态时，会发生这种情况；当我们极度慷慨激昂或感到恐惧、沮丧和愤怒时，也会发生这种情况。可悲的是，我们常常会与每天见面的朋友和家人间失去这种相互性，因为我们对他们是如此熟悉，以至于看不到他们。

没有投入的相互性，就没有了根本的联系。"你"沦为与"我"相对的对象。你成为过去的一种心理表征，成为我进行获取的工具或者前进的障碍。当人类成为对象而不是人时，我们无可辩解：从一般的轻视，到恐怖的奴隶制、非法卖淫和种族灭绝。

投入打开了相互性的大门。当我们用投入来引领，就进入了一个关系领域。我们两个人在其中都是因为投入而重要，从将对方视为对象转变为将他们视为主体，这是强有力且具有变革性的观念转变，马丁·布伯将其描述为广为人知的“I-Thou（我与你）”关系。他写道：“真正的生活在会面中。”

对布伯而言，尊重生命内在的主体性是神圣的。

原则

用投入来引领是相互的，将对方视为一个自主的个体并接受不确定性，这两者都为对话创造了新的可能性。

人与人的沟通，就要进入这种感受彼此、感受投入的状态。关系的投入是一次真正的相遇，在其中我会看到你是谁，而不是我想要或需要你是谁。这种相互性才是真正对话的基础。

进阶练习：关系意识

在交谈中，我们倾向于将所有注意力都集中在自己或他人身上。关系意识是一种同时包括你我、内在和外在以及动态平衡我们注意力的能力。它在体现的基础上扩展了意识，使其包括其他三个参考点：他人、我们之间的联结以及我们周围的空间。这可以增加我们的灵活性，并给我们更多的选择来处理对话的强度。

关系意识是我们现行练习的一种水到渠成的进阶练习。意识就像可以调节光线的手电筒，改变其光圈或将其指向不同的位置，尝试以下练习，以了解如何在内外之间转移意识。

练习：扩展意识

独自练习。舒服地坐下，闭上眼睛，让你的思想和身体平静下来。通过我们已经探索的四个内部参考点之一来集中你的注意力：重力、中心线、呼吸或诸如手或脚等的接触点。在这一步多花一些时间，体会这些感觉的稳定性。

然后放开内部参考点并睁开眼睛，意识到周围的景象和声音。如果你愿意，也可以四下随便看看，留心将注意力集中到外部的感觉。

闭上眼睛，让你的意识再次回到某个内部参考点。随后尝试睁眼、闭眼，在内部、外部之间来回转移注意力，看看你是否能找到一种平衡，让一些注意力联结到身体上，另一些联结到周围的环境上。

现在，闭上眼睛，开始扩展你的意识，将注意力引回整个身体，感受身体各种各样的感觉：温暖、沉重、瘙痒或刺痛。接下来，将注意力转移到皮肤表面，看看你是否能感觉到那里任何微小的改变：衣服的触感，空气的温度。

将意识进一步扩展到身体周围，你能感觉到皮肤表面以上的空间吗？为了帮助你感受这一点，想象自己正坐在拥挤的地铁车厢中，被他人的身体挤压着。现在，将注意力转移到此时此刻你身体周围的空间，你能感受到这种无压力感和宽敞感吗？

然后，将你的意识进一步扩大到整个房间。你可以睁开眼睛或注意周围的声音，以感受这种敞开的感觉，你能意识到周围的空间吗？

最后，将注意力重新引回你的身体，体会坐着的感觉。

这一系列练习揭示了意识的流动性。在下一个练习中，我们将进一步探索如何平衡内部和外部的意识。

练习：关系意识

在不同的情境中单独尝试这些建议，或者在一次对话中依次尝试。你可以与伴侣一起做，也可以在轻松的社交场合中默默地进行试验。

使用内部参考点将你的意识集中于体内，保持关注的感觉。接下来，让你对自己的身体、感觉或思想的意识转入背景，将注意力集中在你眼前之人的身上，给予他们100%的关注。

在你听或说的同时，在自己和另一个人之间来回转移注意力，看看你能否在内部和外部（包括两者）之间平衡自己的意识。

随着对话的进行，请注意其中出现的任何联结感：和这个人在一起感觉如何？除了注意到“我”或“你”，你也能注意到“我们”这种一同投入的感觉吗？

留意这种感觉。

接下来，将意识扩展到两个人之间或周围的空间。你可以将意识扩大到对房间空间的认知吗？留意周围的声音，沉默或对话中的间隙可以帮助你将注意力转移到更大的框架上。

记住，留意这种感觉。

最后，尝试在这些参考点之间移动：你自己的体现，自我与他人之间平衡的注意力，“我们”的感觉，联结的感觉以及对话进行之时所处的更大空间。

思考你在每件事中注意到了什么。

这些进阶实践需要时间来打磨，每个实践都具有独特的优势，并且可以在不同的情境下使用。在自我和他人之间平衡注意力可以让我们在对话的快速转移与变化中暂时缓解。“我们”的感觉对于品尝甜蜜的时光或在具有挑战性的情境中生发出同理心特别有用。甚至于，在事态紧张时，它可以为你提供一个容纳强烈情绪的空间。

不确定性：遇见未知

投入也揭示了生命本身根本的不确定性和奥秘。人类是不可预测的，无论我对某人了解到何种程度，都无法确定他们在想什么，感觉如何或会说些什么。我也不知道一段对话后事情会怎样发展。

我们大可以做出计划或制订方案，但是事情的进展会如我们所设想的吗?

如果被计划限制住，那么我们将失去与当下的联系，进而无法获得智慧。对于已发生事情的先入为主的想法会蒙蔽我们，扰乱我们对实际发生之事的应对能力。在计划时，我们能否认识到自己的想法是什么：暂定的，想象中的未来?

禅宗有一句话：“不知道最为精深。”

真实存在总是带来不确定性，这很正常，意味着我们与现实保持联系。当第一次体验到真实存在的不确定性时，我们可能会感到不安或脆弱。随着时间的流逝，我们学会了在未知的情况下更加镇定，最初的不适被轻松欢愉的感觉替代。

这时，我们对用投入来引领的意义有了更全面的认识。我们以诚实的态度来面对自身内部和周围发生的事情；用互相尊重包容对方；时刻警惕当下内在的不确定性，也了解其中蕴藏的可能性。我们训练自己，保持这种镇定的态度——灵活、真诚、注重互动又警惕不确定性。

随着我们用投入来引领的能力不断提高，表现出来的意识成为随时可以为我们所用的资源，帮助我们辨别自己的感受，知道需要说什么话，捕捉反应信号并处理这种能量，理解来自对话者的丰富信息，以便我们可以将对话朝着增进联系和相互理解的方向推进。

对话的前沿始终是有意识的投入。我们越是看到其中的优势和益处，就越相信它是人类关系的核心基础。

总结

用投入来引领是相互的，将对方视为一个自主的个体并接受不确定性，这两者都为对话创造了新的可能性。

关键点

我们可以通过以下方式在对话过程中练习投入：

选择点：注意在听和说之间的选择。

暂停：尝试短暂或更长时间的停止。

语速：调整语调，以提高说话时的意识投入。

关系意识：建立内部和外部意识的平衡。

问&答

问：我感到很困惑，在与其他人的关系中尝试这些做法时，我似乎反而更难投入了。难道有什么地方我做得不对？

答：请记住，使用实践方法和投入的体验两者间是有区别的。这些做法是增强我们保持警惕和对话平衡的能力的工具。起初你可能会感到不自然，甚至会分心。这跟学习任何东西的过程一样，都需要时间才能炉火纯青。

最重要的是选择一种相对容易使用的工具，并坚持使用直到它成为一种本能反应。与朋友交谈时很容易投入，一切都很好。但是，当情况变得激烈时，如果我们没有训练自己如何用投入来引领，那么我们很有可能会退回到旧有的习惯。用一种可靠的方法来培养投入，会让我们在最需要的时候，更容易地使用这些方法。

问：当我尝试在会话中加大投入时，我会感到非常焦虑，感觉很脆弱，就像自己完全暴露在外。您对此有什么建议吗？

答：投入意味着感觉更脆弱，这样的脆弱表明你在与现实保持联系。焦虑的一部分原因可能是没有足够的应付方法。就像刚刚破茧的蝴蝶，它的翅膀太稚嫩了，还无法飞行。

给这个过程一点时间，就像一只蝴蝶在阳光下晒干翅膀那样。尽量避免感到不知所措，因为当我们不知所措时，就会停止学习。相反，如果太过舒适，我们也不会成长。所以我们要在二者之间找到平衡，就像非暴力沟通培训师蜜奇·卡什坦称之为“战略不适”的状态。

我们可以学习在这种情况下保持轻松。研究脆弱的感觉；研究你体内发生的事情；检查脑海中的所有信仰或恐惧。随着你对不适的承受能力逐渐增强，就可以开始放松下来并找到自己的方位。脆弱是获得更充实生存体验的途径，它对你而言可以是一种馈赠，而不是负担。

问：您在现实情况中如何记起使用这些方法？我发现自己在做任何事情之前都会先做出反应和争论。有时直到几小时后我才记起使用这些方法！

答：这让人谦卑，不是吗？一位佛学大师曾经说过：“修行是对自己一次又一次的羞辱。”沟通练习也有这种感觉！要放眼长远，建立积极的反馈回路。最重要的是我们可以记得，而不是何时记得。我们可以庆祝自己记住的时刻，来给自己正向反馈，而不是因为忘记而自我打击。

接下来就是投入的持久性。我们在生活中完全可以更多地投入；人类沉思的历史传统就证明了这一点。这需要耐心，专注，还有一次又一次地忘记然后记住。随着时间的流逝，中间的距离会越来越小。先是数天，然后是数小时，之后是数分钟，以此类推，直到我们能够在转换过程中随时记住投入为止。

令人高兴的是，大多数人都能接受重来。如果你发现自己搞砸了一场对话，那就让对方知道，说："嘿，我刚才说了一些不恰当的话，你愿意重新进行这场对话吗？"

第二部分

第二步：从好奇心与关怀出发

用投入来引领可以让我们说出自己的本意，并进行深入的聆听。达到这一层后，下一步就是选择一个有效的意愿，以确保我们的方向正确。这就像检查地图一样。我们可以在对话中投入大量精力，但是如果意愿不对，就可能会朝着错误的方向前进。

投入沟通的第二步是从好奇心与关怀出发。意愿可以奠定我们对话的整体规律和轨迹，它是我们内心的来处，我们言语或行为背后的动力或内在品质。你也可以说，这是推动事物向一个方向或另一个方向发生的矢量。

我们交流的很大一部分是话语之外的：肢体语言、面部表情、手势、语气。我们说同一句话，却可以传达完全相反的意思。换句话说，我们怎么说话和我们说了什么话一样，甚至更为重要。

所有这些都是由我们的意愿塑造的，如果我们不有意识地选择自己的意愿，那么我们的大脑一定是在空转，依靠无意识的习惯性模式在运行。这种情况下，我们能达到目的就完全是侥幸了。

那我们从哪里来？我们如何进行对话？本书这一部分将介绍一些与冲突有关的习惯性方式，它们的缺点和局限性以及如何重新调整意愿以进行更有效且有意义的对话。

第四章
责怪游戏

即便没有博学的老师，孩子们也能学会说话。

——佚名

二十多岁时，我曾多次进行背包旅行。某个冬天，我和一位大学时的好友亚伦一起去了纽约的卡茨基尔山脉野营。亚伦是一位诗人、音乐家兼作曲家。我们上大学时已经很亲密，常常一起思考和讨论宗教、哲学和生命的奥秘。

毕业之后，我曾想与他保持联系，所以在旅行中，我决定尝试一些新学到的非暴力沟通的技巧。我感到伤心和愤怒，并表达了自己想与亚伦建立更多联系和亲密关系的愿望。我问他为什么不联系我，想让他敞开心扉和我交流。

亚伦和我相比更为少言寡语，但我仍然不断努力。不用说，进展并不顺利。

现在回顾这件事，我发现自己并没有用投入去引领，也没有从好奇心与关怀出发。尽管我确实想建立联系，但只专注于自己的方式，以至于忽略了亚伦以及在他身上发生的事。我没有在建立联结的渴望和关心他的需求之间取得平衡，甚至没有问过他是否愿意进行这场谈话：“嘿，自从毕业之后，我一直很想念你。可能我们对保持联系这句话有不同的理解。你愿意和我谈谈吗？”

另外，我的意愿本身也不对。在我的方法里充满了种种微妙的责备（我对自己说：“他为什么没有联系我？朋友之间不是应该保持联系的吗？”）和操控（“分享感受很难吗？他就不能说说自己在想什么吗？”）。

那趟旅行之后，我们渐行渐远。

失去他这个朋友让我非常痛苦，尽管我多次尝试与他联系，但我们再也没有建立起联结。

这就是意愿的力量，错误地选择意愿也会带来风险。不论我们的话语多么优美，其他人都可以感受到我们内心的意愿。也许你曾与参加过沟通培训的人交谈，他们能用更漂亮的话来谈论旧话题。我们大可以根据需要陈述自己或主动倾听，但如果我们不是真诚地想要建立联结，就不可能和他们真正拉近距离。

大脑空转时，我们的默认状态是什么？为了转变谈话的意愿，我们需要检视自己是如何看待事物的。

让我们来看看室友之间一个普遍的情况。你是否曾经和一个不如你讲究卫生的人一起生活？在你把厨房保持得很整洁时，他可以把盘子堆起来不洗。即便他打扫了地面，也不能达到你对清洁的标准。如果这一幕对你来说很熟悉，你可能会很生气，说：

“你怎么这么乱？打扫房间很难吗？”

甚至，你会称他为懒虫！

但是，如果你是对方，你的想法可能会是这样：为什么要这么讲洁癖？就不能放松一点吗？

在职场中，这种看法取决于我们对细节的要求。我们看待他人时，要么觉得他们“杂乱无章、不专业”，要么就是“斤斤计较、吹毛求疵”。在恋爱关系中，想要更多亲密关系和感情的人会将伴侣视为“冷淡”或“疏远”，而他们的伴侣可能认为他们“需求太旺盛且过于依赖”。

你看出其中基本的模式了吗？不论发生什么事，不论我在等式的哪一边，对我来说，都是你的问题。如果我想要的东西与你想要的不同，那就是你的错。当我们的需求无法同时被满足，相互之间就会玩起责怪游戏。

退后一步来思考这其中的逻辑。如果我想让你改变自己的行为，说你做错了能有什么帮助吗？这是多么落后的策略！第一次听到马歇尔·卢森堡谈论这种显而易见的模式时，我大感惊讶。在受到指责和批评时，人们通常会为自己辩护，使得沟通变得更加困难。一个更极端的例子是对别人大喊大叫。这种情况通常会有什么样的结果？当大脑处于空转状态时，我们最终常常会采用无效甚至适得其反的策略。

这种模式也可能反转。我们会将挑剔的眼睛转向自己，并自我责备。“都是我的错。我总是……我从不会……”这也是一种责怪游戏，只是朝着另一个方向，但内核都是一样的：如果需求没有得到满足，就是某人的过错。

探寻更深层次的根源

要了解如何解决冲突，我们必须深入查看指责或防御背后的意愿。责怪游戏的根源就在于我们如何去认识差异。

早在学习到万有引力定律之前，我们就知道，如果从一定高度放开物体，它就会掉落到地面上。这种理解通过生活经验已根植于我们大脑中。同样，我们从父母那里和社会中学到的也不仅仅是母语。正如非暴力沟通培训师蜜奇·卡什坦在《根本活力的旋转之线》一书中阐释的那样，我们还学习到一种世界观。

通过重复的经历，我们形成了关于我们是谁、世界如何运转以及生活中可能发生的事情的基本概念。根据我们成长的时间和地点、阶级和社会地位，我们对自己身为男性或女性，具有浅色或深色皮肤，作为某个社区、宗教或团体的一部分等有了基本的了解。尽管这种差异是由社会建构的，但对它们的感知却像引力一样根深蒂固。

在这些观念之下，是我们对于人类关系的认知，这一观念已被我们的家庭、文化和社会所传承。这个基本认知构成了我们看待差异和冲突的模板。对于大多数人来说，它是这样的：我们是分离的，物质是缺乏的，所以人们倾向于自私自利以满足自身的需求。当我们检视这种人际关系取向以及其对我们的个人生活和社会制度的影响时，可以看到，稀缺和分离带来的结果是可怕的——它们最终会导致战争。

这是我们无意识沟通培训的一部分，意思是我们没有进行选择，而是受周围环境的影响——我们从小到大耳濡目染家庭系统是如何运作的，学校是如何运作的，进而了解社会如何运作，都有些什么样的规矩，该如何照顾自己，如何生存并保障个人、家庭和社区的安全。

正如没有人能选择母语一样，也没有人能选择世界观。在大多数情况下，我们的父母只是根据他们所在的社会环境和所处的社会位置，延续对世界的理解方式，却没有提出质疑。

我们从小就学习这些。小时候当我们的需求与周围成年人的期望不一致时，结果是什么？通常是一些人能得偿所愿，另一些人却不能。每当发生这种情况时，不论结果如何，我们都会在潜移默化中学到三件事：（1）差异通常意味着有人获得而其他人失去；（2）有权力的人更能满足自身的需求；（3）冲突本质上是危险的，因为我们会失去对我们而言重要的东西。

我们每天都在公共和私人生活中看到这种情况发生。在不危及身体安全的情况下，成人经常对孩子使用武力，利用自身的力量使孩子做出被社会认可的行为。“沙发不是用来跳的。”“我们必须现在离开。”我们就是这样认同了这些被社会默认的行为方式。我们不去教孩子如何根据周围的人的需要考虑自己的需求（孩子可能在很小的时候就有这样的认知了，比我们想象中要早得多），而是强迫他们去做我们所认为应该的事情，因为这看起来高效或者只是因为我们没有精力或技能采用不同的方法。我们尽自己所知，训练孩子在一个不以满足人类需求为中心的社会中成长，传递这一制造分离与竞争的机制。

与这些观念交织在一起的，是对于对与错、好与坏、应该和不应该的认知。当存在分歧或不同时，某人是对的，某人是错的。为了保护他人的福祉，我们被教导去依赖外部的道德和义务的概念，而不是被引导着去认识我们内在对道德的感知或依靠对话。随着我们的成长，这些信息会通过经验、媒体和娱乐的灌输而不断得到加强。

观点决定意愿

我们如何看待事物决定了我们与事物的关系，进而塑造了我们的意愿。如果我们将冲突视为危险的事情，认为面对局势（时间、精力、资源、善意或创造力）只有输赢这两种可能，那么我们就玩起了责怪游戏。我们试图通过进攻来取得胜利，或是保护自己，当我们从对与错的角度看待事物时，就更倾向于做出评判或进行防卫。如果我们仅将其他人视为与自己需求相关的对象，会帮助或阻碍我们实现目标，那么我们就会试图强迫、操纵或控制局势以达成自己的需求。

基于生活体验，我们会形成某些观点。这些观点产生了某种意愿，而这些意愿往往又会引导我们获取类似的生活体验。随着时间的流逝，我们的体验和世界观会相互促进，相互加深。

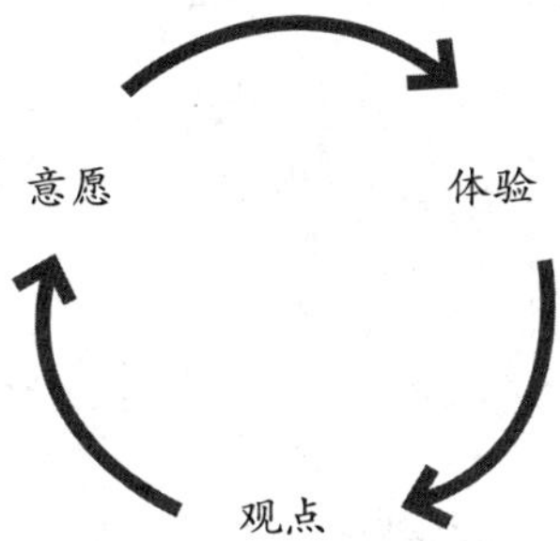

图1　意愿的循环

原则

我们的意愿、观点和体验相互加深。观点决定意愿，意愿创造体验，体验证实我们的观点。因此，改变观点可以改变我们的意愿和体验。

下表概述了我们在生活中得到的一些基本的习惯看法以及它们最有可能产生的结果。

观点 →	决定 → 意愿	创造 → 体验
赢/输 对/错 冲突是危险的，有问题的，错误的 他人是与自己需求相关的对象	攻击/要求 保护/防卫 责怪/评判 强迫/操纵/控制	恐惧 焦虑 愤怒 侵略 关闭 冻结 评判 排斥 分离 异化

应对冲突的四种习惯方式

由于这种习惯塑造，很少有人在冲突中能感到轻松自在。冲突一词的字面意思是“一起击打”，最早是指武装战斗！

我们的内部体验反映了这一含义。当我们认为一个人的需求得到满足必须要以牺牲另一个人的利益为代价时，冲突就必然会让我们感受到威胁。我们每个人都倾向于用以下几种不同的方式中的一种来响应“一起击打”的需求：

1. 冲突避免。

2. 竞争对抗。

3. 被动。

4. 被动进攻。

每一种默认策略都有其自身的逻辑、优点和危险性。这些是通过学习养成的行为习惯，不是我们的选择，而是基于痛苦的社交过程和重复生活体验而深植于我们内心的观念。我们之所以使用它们，是因为它们在某种程度上有效。改变这些模式的第一步是了解它们在生活中的运作方式。当我们对此有更多的了解，就可以开始检视并改变其赖以存在的基本信念和情感，并做出不同的选择。

原则

了解我们习惯的应对冲突方式可以使我们改变其赖以存在的基本信念和情感，并做出不同的选择。

练习：探索冲突风格

阅读以下章节时，请思考自己倾向于哪种冲突方式。你的策略是什么？你对不同的人会有不同的模式吗？你家庭的共同倾向是什么？在你的文化中吗？你周围的人最常采用哪些策略？

冲突避免

冲突避免的默认立场可以概括为“除了……之外”的任何事。这种方法的目的是规避或避免触及冲突，有时这种方式的代价很大。我们可能会改变关注点，专注于积极的事情，忽略或者假装问题没有发生。

冲突避免就是我们决定听之任之，逃避一场艰难的对话会面对的压力。比如拒绝讨论家人的成瘾问题，或是同事通过更改主题来回避我们的要求，又或者在一个项目的讨论中，他们不表明不同意我们的观点。

冲突避免的目的通常是希望维持和平。以下一种或多种未经检验的信念通常是冲突避免的内在原因：

◎ 冲突是危险的。

◎ 如果我提出这一冲突，或讨论我们之间的分歧，将会冒犯到其他人。

◎ 我试图解决这个问题所造成的伤害要大于听之任之造成的伤害。

◎ 即便我不处理，冲突也会自行解决。

在这种策略背后，通常藏着我们对联结、安全感或归属感的需要。避免或推迟冲突可以保持和谐并暂时维持关系。采用这种策略的人通常能够感知他人的需求，但会忽略自己的需求。在这一模式下，人们专注于庆祝进展顺利，以一定的灵活性来适应或避开困难的情况，有时就能最大限度地减少与发生冲突之人的接触。

但如果我们是在不知不觉中采用此策略，可能会很危险。长期避免对抗会滋生内心的怨恨，并可能从内而外破坏关系。它可能会导致人们产生不信任、困惑甚至自我怀疑，在这种情况下，我们会感觉到哪里不对，但说不出来。随着时间的流逝，强迫自己忽略并压制自己的感觉和需求，会导致我们某种情感的消失。

在情绪或身体受到伤害时，根据情况的不同，冲突避免可以保护自己，也可以造成持续性的伤害。在这些情况下，对变化的恐惧和不确定性可能使我们无法应对这种伤害。相反，我们选择自己熟悉的安全感，就不会造成这样的结果。

竞争对抗

对冲突的另一种普遍反应是竞争对抗。在这种情况下，我们非常强硬，坚持自己想要的东西，有时太过强硬，以至于我们无法理解对方的观点。这种方法通常具有侵略性，并且只关注自己的需求，所以我们可能会提高音量，责备、批判，坚持要得到自己想要的东西，胁迫甚至威胁他人。

该策略遍布网络、娱乐和社交媒体，它表现为强大的雄性主导力量。这种方式就是我与亚伦在那个冬季露营之旅中所用的对话策略，当一位家庭成员直接强迫另一位成员参加活动时，当同事要求我们按他们的方式做事或通过指出我们的缺点来要求我们响应他们的要求时，采用的就是这种方式。政客们会定期采用这种策略，以人身攻击来谴责对手，而不是考虑对问题进行分析。还有一种情况，当避免冲突达到极限，物极必反，也会发生这种情况。

这种方法的目标就是不惜一切代价确保我们的需求得到满

足。这种采用控制或主导，导致竞争对抗方式的基本信念包括：

◎ 我只是我自己；这个世界上“人人为己”。

◎ 如果不起来战斗，我就会丧失力量或被摧毁。

◎ 脆弱是缺点，我所表现出的任何同理心都会对我不利。

◎ 我是对的，他们错了。

竞争方法的内在优势是自信、有效以及对我们经验的某些方面的清晰认识。尽管使用这种方法时我们会显得坚强和勇敢，但在这种状态的表面之下，我们通常会有极大的恐惧感和需要保护的心理。无意识地频繁使用这个策略意味着与更脆弱的感受和关系需求断开联系，对抗通常与我们对自主权、代理权、安全感以及证明自身重要的需求联系在一起。

这种对抗有别于直接和坦诚的冲突，后者照顾到双方的需求。但对抗是僵化的，而且由于脱离同理心，可能会带来危险。这种方法的代价很大，我们可能会得到想要的东西，但会失去他人的信任，甚至完全失去一段关系。人们可能会避开我们，或因为害怕争吵而选择不坦诚相对。缺乏合作会导致创造力的丧失，不诚实的反馈会失去亲密感。竞争还会降低我们自身的幸福感，使我们感到被孤立、疏远，并漠视自己对联系和同情的需求。

被动

被动是对抗的对立面。在这种情况下，我们放弃自己想要的东西，并默认我们周围的人提出的任何要求、需求或索求。有些人因为惯于采用这种方式，以至于只要他人表现出丝毫不满，就会主动先放弃自身的需求。

当采用这种方法时，其他人可能会认为我们是随和的，能通融，肯和解或容易征服。我们可能会说“没关系”之类的话……

被动可能伴随着因为冲突避免而产生的自责：“你是对的……对不起，这是我的错。我应该……”使用这种策略的室友会听任其他人在自己家里随心所欲。在一段浪漫的恋爱关系中，被动的反应表现为一个人经常顺从对方的意愿。即使他们不同意，被动的同时也会说“好”。

被动与冲突避免不同，其目的是通过放弃自己的需求或偏好来化解任何潜在的冲突。被动行为可能涉及的一些核心信念如下：

◎ 如果我默默忍受，一切就会好起来的。

◎ 我的需求无足轻重，我不配幸福。

◎ 如果我给别人他们想要的东西，他们就会喜欢我的。

◎ 我做错了。

被动往往是为了满足对归属感、和谐、安全和联结的需要。

与这种方法极为相似的是姑息策略，它们都是让我们改变自己以取悦他人。那些善于平息事端的人通常会很好地适应他人的需求，并且能适应困难的情况。被动和姑息都需要强大的内在力量（抑制个人的需求需要很多精力），但是采用这些策略的人通常都会感到内心无力。

被动的局限性在于，除非别人自发地给出善意，否则我们很难满足自己的需求。随着时间的流逝，常常屈服于他人就会累积滋生怨恨。它会使我们与自己的感觉、需求和欲望脱节，以至于忘记了如何辨别自己真实的内心。

被动的冲突应对方法虽然本意上是通过解决问题来增进关系，但其实它反而会让联系逐渐减少，并使我们陷入迟钝。亲密的关系取决于对彼此的了解。当我们因为害怕冲突或被拒绝而不去分享自己的真实感受和愿望时，我们其实是剥夺了周围的人更深入了解我们的机会。

被动进攻

这种策略是一种伪装成被动的间接对抗形式。当采用这种方法时，我们会以一种迂回的方式表达不满，虽然嘴上说一切都好，心里却通常带有某种程度掩藏的敌意。它看起来像是在冲突避免，但实际上我们正在采取行动表达愤怒。

在被动进攻状态下，我们可能会清理厨房中除室友的餐具以外的所有东西。这实际上是在对室友说："你自己清理！"而在一段浪漫的恋爱关系中，一个处于被动进攻状态的伴侣可能同意做某件事，做完了之后又默默生闷气，或者气呼呼地表现自己的不满。我们可能会同意干家务活，却要么“忘记”做完，要么做得很差，以至于对方不会再开口让你做家务。在职场中，我们可能会拖延，故意避免接触工作中的某些方面，或者反而造成问题，增加其他人的工作量。

当我们认为直接应对无法让自己的需求得到满足时，就会采用被动进攻的方式。这种行为背后的信念包括：

◎ 我别无选择。

◎ 我的需求无足轻重。

◎ 没有留给我的空间。

◎ 没有人关心我想要什么。

◎ 说出来无济于事，可能会让情况变得更糟。

被动进攻的优点是对关系的动态有敏锐而直观的理解，可以在自主性受限的情况下与自己的感觉和需求保持联系，并在不同的自我表达方式中展现出一定的创造力。

这种模式的背后常常是无助的感觉。在完全放弃需求和间接表达需求之间，我们选择了后者，其中通常带有我们因无奈而产生的一丝轻蔑。这种行为的根源可能是我们的某种需求，比如对自主权和选择权的需求，或需要被他人注意到，需要被别人觉得我们很重要。

这种方法会产生短期收益，但也有代价。被动进攻会侵蚀我们对人际关系的信任，制造出敌人，并蚕食我们的幸福感。具有讽刺意味的是，我们越是被动进攻而不直接参与，为自己辩护的力量就会越弱。

放松习惯的控制

当我们陷入被习惯塑造的冲突观中时，就会困于过去的负面经历，形成狭隘的看法。基于根深蒂固的观点和相应的意愿，我们的整个神经系统会进入熟悉的模式。我们感到焦虑，具有攻击性或直接呆住。我们可能会害怕，后退或大脑空白，对发生的一切视而不见。我们很容易忘记自己深层的价值观，忘记关系的重要性，或失去从多种角度看待事物的能力。思想、信念或情感也可能会蒙蔽我们的双眼，让我们看不到他人的人性。

我们每个人都很熟悉陷入这些习惯模式的挫败感（如果不是因为厌恶责怪游戏，你可能也不会读这本书）。但是，我们依靠惯用策略是因为它们对我们有效。如果不是在某种程度上起了作用，我们也不会使用这些策略。要摆脱这些模式，我们首先要有其他选择——至少效果不会更差的方法。

正念可以缓解习惯对我们的控制，并为我们选择其他道路创造了可能性。一旦知道发生了什么事，我们就可以重新定位

（我们的观点），提出不同的意愿，并朝着其他方向引导自己的精力。

处理我们自身和他人的习惯需要谨慎、技巧和毅力。在下一章中，我们将探讨如何通过另一种解决冲突的方法——合作——去摆脱责怪游戏。当我们能够进行真正的对话，以开放和关心的态度在自己与他人的需求之间取得平衡时，我们就能脱离陈旧的框架，从而让新的可能性出现。

总结

我们的意愿、观点和体验相互加深。观点决定意愿，意愿创造体验，体验证实我们的观点。因此，改变观点可以改变我们的意愿和体验。

意识到我们的冲突风格属于哪种之后，我们可以改变将其固定在位的基本信念和情感，并做出不同的选择。

关键点

对冲突的习惯性看法导致了责怪和自我保护这种默认状态的意愿，通常表现为四种习惯模式：

1. 冲突避免：试图避免触及冲突。

2. 竞争对抗：直接通过侵略或武力应对。

3. 被动：通过默许，放弃自己的需求或安于现状而屈服于冲突。

4. 被动进攻：通过表示不满或敌意来间接应对，同时假装一切都很好。

问&答

问：我如何才能不这样全神戒备？我希望自己能更加好奇和豁达，但是在实践中，我确实很难做到。

答：看来你已经采取了最重要的措施，那就是了解当下正在发生的事情——意识到自己正处于默认模式，尝试用亲切的眼光看待这些习惯。请记住，它们多年来一直为我们提供保护和帮助。如果你在海上，只有一根浮木能让你不沉下去，除非有更好的替代品，否则你不会放开这根浮木。本书中的概念和实践，就像那个更稳定、更灵活的筏子。

当你看到这个模式后，请研究其中的好处和局限性。如果能清楚地看到这一点，你将会有更多动力去尝试新的方法。千里之行，始于足下。在力量训练中，你会从五公斤或十公斤开始，而不是开始就上一百公斤。成功的次数越多，你的神经系统就越会信任并记住这种模式，意识到有一种新的方法可以做到这一点。

问：我的模式不是责怪或攻击别人，而是责怪自己。我该如何处理这种情况？

答：我们对自己有时非常严厉！我对这一点深有体会。有两种基本的方式来处理这种痛苦的习惯。首先是建立内部资源来应对严酷的自我批评。培养积极的做法，例如感恩和自我理解（见第九章）以及自我同情和爱心冥想等其他方法。这些做法可增强我们的韧性，感觉就像走出熊熊燃烧的房子，呼吸到新鲜空气。

第二步是要扑灭大火，即改变行为模式本身，学会用那些批判的声音来建立带有同理心、清晰和坚定的关系。解读自我评判背后的信息（见第十章）。这种声音表达了什么样的感受和需求？我们可以用正念来研究建立在该模式之上的信念。这一习惯通常起源于幼年时期，因此从他人那里获得帮助以解开并治愈其中一些症结可能会有所帮助。学会拒绝批评同样重要。在遭受激烈的责备时，同情可能意味着切断行为模式。应及时中断并用一切方法打破这个闭环，将自己的注意力引向其他方向。

第五章
你的出发点是什么？

> 我建立非暴力沟通是为了通过意识之光，在可能实现我所追寻目标的方面训练自己的注意力。我一生追求的是同情心，这是我与他人之间相互打开心扉的原因。
>
> ——马歇尔·卢森堡博士（非暴力沟通理论创始人）

你是否曾与朋友有过紧张的时刻，但在撑过这个阶段后，彼此之间更加尊重？或是与所爱之人产生了异议，但在危机解除后，发现你们之间的关系更加紧密，彼此产生了更多的爱意？

亲密关系从冲突中产生，差异可以使我们团结在一起，并帮助我们了解彼此。摩擦也可以产生创造力和协同作用，并从中产生新的思想和观点。与我们无意识的沟通行为相比，这类对话的目的是很明确的。

是否有一种方法可以识别并支持产生这种经历发生的条件，可以使我们摆脱对冲突的习惯反应而转向更有用的方法呢？这就是卢森堡发展非暴力沟通背后的核心问题之一。

在这部巨著的开篇，他写道：因为相信带着同情心的给予和接受是人的本性，我一生中大部分时间都在思考两个问题：是什么导致我们脱离了同情心，让我们采用暴力和剥削的做法？相反，又是什么使某些人即使在最艰难的情况下也能保持与自己同情心的联结？

卢森堡在底特律长大。在此期间，他多次目睹导致众多伤亡的种族骚乱。这些经历以及年轻时反犹太主义的经历使他渴望理解暴力的根源。他发现我们的思想和言论对保持同情心起着重要的作用。他的非暴力沟通方法包括系统地训练我们的注意力——学习如何以更有利于和平与和谐的方式来思考、说话和倾听。

在非暴力沟通中，我们不会陷入指责和评判这样的习惯性叙事中，而是学会识别要讨论的事件的具体情况，我们对那些事件的感受，这些感受背后更深层次的、根植于人类需求的原因，以及我们对于一同前进的要求。我们学会以同样的方式聆听，感知他人话语的弦外之音，整个系统就基于一个核心主题：建立满足需求的联结。

这无关于我们说什么，而是关乎我们的出发点，关乎我们的意愿。

当达里尔·戴维斯遇到三K党

达里尔·戴维斯是一位非裔美国音乐家和作家，他在国外度过了幼年时光。直到十岁时（1968年），他才发现人们会因为肤色而厌恶他。当他与全由白人儿童组成的童子军在马萨诸塞州行军时，人们向他投掷石块和瓶子。这件事引发了他此后一生中对人类态度的好奇——他想知道：当你甚至都不认识我时，怎么还能恨我呢?

多年后，当戴维斯在马里兰州的一家全是白人的酒吧里结束一场表演后，有一位白人男子前来与他攀谈，说这是他第一次“听黑人演奏得像杰瑞·李·刘易斯一样好”。

戴维斯对男子说杰瑞·李·刘易斯是自己的朋友，而且刘易斯也是从黑人音乐家那里学习的演奏。两人继续交谈，并逐渐成为朋友，这名男子最终告诉了他当地三K党领导人的名字。于是，戴维斯联系了这些人，对他们进行采访并将内容撰写成书。

戴维斯就各个问题询问并聆听三K党成员的回答。最初，三K党成员不会对戴维斯的这些问题表示任何看法，而是理所当然地认为他是“低人一等的”。但是，经过耐心、友好的交谈以及戴维斯不断努力建立了双方真正的联系之后，他们逐渐对戴维斯产生了兴趣。

戴维斯以自己的热情和尊重，慢慢地挖掘出了他们本身也具有的这种特质。最后，许多三K党成员与戴维斯建立了友谊。而在认识戴维斯后，他们的信仰发生了转变，许多人退出了三K党，甚至把标志性的长袍和头巾交给了戴维斯。就这样，戴维斯通过对话和友谊说服了200多名三K党成员脱离组织。

达里尔·戴维斯也许从未参加过非暴力沟通课程，但他明白意愿的力量。当我们建立真正的人际关系时，就可能让事情产生根本的转变。

开启自身的兴趣

意愿是对话中最强大和最具变革性的成分，它塑造了我们语言和非语言的交流，指导了对话的过程。如果你只能从本书中学到一件事，我希望你能明白——带着好奇心与关怀去理解的意愿在互动中是最为重要的。

这种想要去理解的意愿代表了我们对话转向的根本性原因，是要从我们的意识中除掉任何责备、防御、控制或操控，而着重于创造有利于协作的联结特质。我在本书中与你分享的所有内容都是为了这一目的：建立更多的联结和理解。

要进行这种转变，我们需要看到习惯性反应的局限性，并理解意愿的价值——它带来变革、创造力和整体性的潜力。这背后有两个关键原则的支持。第一个原则贯穿整本书，即：责备和批评越少，别人就越容易听进我们的话。当别人相信我们有兴趣了解他们而不是为了什么目的去操纵，也不是在争强好胜或证明他们是错误的时候，聆听者就会开始停止捍卫自己，专心听我们说话。

原则

责备和批评越少，他人就越容易听进我们的话。

从这个角度来看，将好奇心和关怀作为出发点符合我们的最大利益，我们的语言和非语言交流会传达出我们的真情实感，并

最终为相互倾听和共同努力创造空间。

由此，这就引出下一个原则，这个道理似乎是不言而喻的，但我们常常忽略这一简单的事实：当理解了彼此想法背后更深层次的原因时，我们就可以开始合作。

原则

相互了解得越多，就越容易合作并一同寻找创造性的解决方案。

当我们在苦难中付出或同情别人时，自身也会感到喜悦。为他人做出贡献是我们最有意义的经历之一，这种自然的冲动来自人类精神深处不竭的善意之泉。

因为我们在付出中会感到欣喜，面对痛苦会产生同情，所以当我们完全理解彼此时，就本能地希望为对方提供帮助。如果我真正了解你的内心以及为什么你想要这些东西，那么我就会有很强的意愿去找到一种合作的方式来满足你。当我可以让你了解为什么某些事情对我而言很重要，你对于事物优先级的看法可能就会发生变化，并且有更多的空间和意愿促成合作（回想一下，你是否曾一开始拒绝一个请求，但深入了解状况后却同意了）。

这种处理冲突的方式是非暴力抵抗的核心。当我们唤起同类的人性时，我们就更强大、正直。这就是甘地的事业以及民权运动的根本原理，也是卢森堡将其方法命名为“非暴力沟通”的原因。采取这种方法并不意味着我们会变得被动，不坚持自己的立场或信念。相反，培养理解的意愿，可以通过与他人的联结让我们更有效率。

另一种看待的方式

戴维斯的故事以及其他许多曾经充满仇恨、种族主义和偏执之人转向爱的故事，都提供了另一种看世界的方式。卢森堡在提出有关同情和暴力本质的问题时，正是在寻找这种方式。它取决于我们在对方身上寻求人性的能力，以及超越彼此间的分歧看到本质的能力。

人类的所有行动都是为了满足根本的需求。在我们的行为、喜好、信念和欲望背后，是对身体、关系或精神需求的某些渴望。我们每个人都需要安全感、归属感、联结和同理心。我们需要意义、贡献、创造力或和平（我将在第七章中更深入地探讨这一概念）。

人们在许多宗教、精神和沉思传统以及行为和社会科学中都发现了这种想法，佛教就直观地表达过：众生都希望幸福。

这种智慧让我第一次接触到时就感到震惊。幸福因人而异，甚至每天都不同，但从根本上来说都是为了满足我们的需求。

原则

我们所做的一切都是为了满足某种需求。

记住这一观点，是我们能够从好奇心和关怀出发的关键，它唤起了意愿。无论发生什么事情，我们都会对言行举止传达的需求和价值感到好奇。当我们在需求层面相互理解时，我们间的相似之处就会大于彼此的差异。反过来，这就形成了观点、意愿、体验之间积极的循环。

这种方法的优势在于它不只局限于我们的亲密关系。不论我们是想与朋友一起消磨时光，与同事合作，还是建立多元化的联盟，真正去理解的意愿都能帮助我们建立或增强联结（出于理解自身并满足需求）。

在对话中使用此方法需要注意一些事项。首先，我们需要建立从好奇心与关怀出发的能力，需要真正熟悉这种想要理解的感觉，以便能收放自如。接下来，我们需要训练自己，以便察觉自己是否是根据习惯而做出反应。最后，我们要学习如何回到好奇心和关怀。

观点 →	决定 → 意愿	创造 → 体验
赢/赢（双赢） 冲突是自然的，是学习的一个基础 我们有普世的共同需求 他人具有内在价值，不依赖于我们的需求而存在	去问询/倾听 去关心 去合作 去建立联结	亲密，安全 归属感 理解，相互尊重 创造力，协同

从好奇心与关怀出发

每个孩子天生就有了解自己所处世界的渴望，正如我们天生具有感知能力一样。所有人都有产生兴趣的能力，正如我们可以训练自己去投入一样，我们也可以培养去理解的意愿。

真正理解某件事需要好奇心和关怀。好奇心意味着我们对学习具有兴趣。学习需要谦虚，我们必须准备好承认自己知识匮乏。理解任何事情都意味着要“站在下面”。我们需要抛开先入为主的观念，对新的观察方式保持开放的态度。

好奇心也需要耐心。自然保护主义者和研究员辛西娅·莫斯分享了自己的经历。她花了20年的时间观察大象，仔细研究它们的习性和动作，才意识到大象身上具有的复杂性。这种长久的耐心只有在真正的好奇心和深深的理解意愿中才会产生。

要对某件事感兴趣并给予关注，我们还需要关怀。我们不关注自己不关心的事情，也不关心我们不关注的事情。这种关怀可能涉及很多事情。我们可能会关心诚信，恪守自己的价值观；我们可能关心和平与福祉；我们可能会在意拓宽自己的视野；我们可能会关心解决自己生活中的冲突，以孕育希望，表明当我们作为社会这个整体的一部分能产生更好的结果；我们可能关心改变我们生活的体系和机构。

最重要的是关怀的本质，它是与同理心相关的善意。它包括温暖、脆弱性和灵活性。关怀意味着我们乐于接受所学知识的影响，我们致力于了解对方的人性，并且愿意将他们的需求纳入考量，而不是一味地专注于获得我们想要的东西和坚持自己的方式。经过练习，所有这些都是可能实现的。

练习：从好奇心和关怀出发

探索对话中的好奇心和关怀。首先，请反思你的意愿。你想如何处理事情？你的出发点是什么？看看你是否真的有意愿去了解对方的意愿，即他们的想法、观点、感受或需求。真正感兴趣时你的感觉是什么样的？

交谈时，请试着这样思考——这个人在意什么？他们渴望或需要什么？当你从好奇心和关怀出发能够产生什么效果？与以往一样，我们应该首先在比较容易的情境下尝试练习。

正念和理解的意愿

我们与体验的一般关系是判断和控制它。坐下来花几分钟体察自己的思想，你会直接注意到这种倾向。我们对体验做出反应的方式，是朝着愉悦的方向前进，远离令人不快的事物，同时将令人愉悦的事物判断为好，将不愉快的事物视为坏。

通过正念练习，我们发现这种习惯不仅无益，而且带来的重重压力也令人筋疲力尽。我们浪费大量精力追逐快乐并抗拒痛苦，试图控制能力范围之外的事物。我们在正式冥想中不断做出的转变是为了获得愉悦的体验，而不是判断或控制它。我们在正念练习中探索越多，就越容易在对话和日常生活中做出这种转变。

练习：带着理解的意愿去观察

花十分钟或更长时间坐下进行正念练习，尽一切可能让自己做到这一点，如：引导注意力，慢慢地深呼吸，放松坐姿。

让你的注意力集中在吸气和呼气的感觉上，让呼吸自然。每当你发现自己的思绪游离时，请轻轻放开，然后让注意力回到呼吸上。

请特别注意当你喜欢或不喜欢所发生之事时，自己的思想对体验做出的反应。当你感到不愉快时，你会拒绝它，并试图逃离吗？当你感到愉快时，你会想牢牢抓住这种体验吗？当思绪侵入时，你会感到沮丧并且责怪自己吗？请留意自己的思想是如何判断并尝试控制体验的。

每次你注意到自己产生这种反应时，要培养一种去理解而不是去判断的意愿。无论发生什么事，你都能为体验加入一些好奇心和关怀吗？试着留意你的大脑产生的反应，不论是逃离还是紧抓不放，主动向前或操纵之间的区别。哪一种会自动发生？哪一种更平和？

在对话中，有很多方法可以培养理解的意愿。对我而言，加强好奇心和关怀的主要方法之一就是将这些特质融入我的日常生活，尝试在一段时间中保持——一天，一周或更长时间。

在发生的所有事情，包括电子邮件和对话中都带着理解的意愿。“我和他们分别在意什么？我能从中学到什么？”我们越能记住这种看待事物的方式并对理解产生真正的兴趣，就越容易以这种方式进行对话。

正念之铃

我最早的沟通老师之一桑德拉·波士顿，有一种记住这些工具的绝妙捷径：“只要说‘哦！’”

每当我们发现自己滑入旧模式时，都可以使用这一正念之铃：“哦——我有工具！我可以处理。”

我们就会回想起所受的培训，并提出有助于产生好奇心和关怀的观点。

第一步是能够察觉我们何时在以习惯模式自动运行，学会识别被旧习惯困住时的特点，并使用这些符号来提醒自己摆脱混沌。一旦回到投入中来，我们就能找到一些内在的基础，然后变得好奇——首先是对我们自身体验的好奇。“发生了什么事？让我试着先理解这一点。”每当发现自己滑入默认的无意识交流习惯时，请尝试以下练习。

练习：只要说“哦！”

随着你对自己处理冲突的默认模式更加熟悉，请开始研究它们在你的身体上、心中和思想中的典型表现。如何知道自己处于大脑空转的自动运行状态？以下是一些常见的表现：

生理

下颌咬紧。

四肢或身体紧张。

呼吸急促。

一阵阵地发热、出汗、打寒战。

感觉不真实、虚浮，或“与外界失去了联系”。

情绪

恐惧、焦虑或想要逃跑的感觉。

烦躁、愤怒或攻击性。

想要保护、解释或捍卫自己的冲动。

感觉僵住、不堪重负或停滞不前。

精神

愤怒、憎恨或消极的想法和设想。

无望或绝望的想法和设想。

对最坏情况的想法和设想。

话语

加快语速，提高音调和音量。

不愿发言或回应；口头撤回。

“但……我不是这个意思……”

“你不明白……你没听我说话……”

“应该……绝不……总是……对错……”

当你发现任何此类迹象时，请在内心按下暂停键。默默说出当下的感受，并尝试放松所有的紧张情绪或紧绷感。此刻要记住，你是可以选择如何进行下去的。使用任何可以帮助你保持投入的方法（寻找重力、中心线、呼吸、接触点），然后再使用以下建议让自己生发出好奇心和关怀。

这些习惯模式并不是我们的敌人。实际上，它们可以成为线索，提醒我们重新投入。它们也是重要的路标，让我们可以查找并发现自身反应背后的动因，从而为对话带来更多的空间和平衡。

练习：唤起你的注意力

尽可能地找到真正去理解的意愿。你可以通过默默向自己提问来激发好奇心和关怀。这里有一些建议：

“这里发生了什么？我怎么才能放松下来找到平衡？”

“这里面或许有需要我学习的地方呢？”

“也许我们会找到出路，还会变得更加亲密？”

“我们如何开始加深对彼此的了解？”

“怎样可以让我们双方都满意？”

“不论结果如何，我对自己的表现有什么要求？”

“什么对我而言是最重要的？我的需求是什么？”

“什么对他们而言是最重要的？他们的需求是什么？”

让这些想法来指导你接下来要说或要做的事情，或是明确地表达它：“我真的很想了解你正在经历的事情。”

首先，改掉我们的旧习惯进而寻找到我们真正的好奇心需要花费时间。而通过练习，我们可以学会留意正在发生的事情，并在短时间内改变自己的意愿。

几年前，我和我的女友在新年前夜搬出了所在的公寓。我们花了一个周末的时间整理行李，又花了几个小时将箱子和家具从二楼搬下来。天色已晚，我们都累了，我的背也很酸痛——这时很容易让人丧失投入以及理解的意愿。

像大多数男人一样，我负责将东西搬上货车，告诉女友埃文下一步该给我递什么东西，或指示她应该把东西放到哪里。由于筋疲力尽，我的愤怒情绪也越来越强烈，直到埃文受不了我充满压力的语气，沮丧地对我说：“我觉得你一直都在批评我，说我做错了！”

我立即下意识地维护自己，身体里所有的力量都想让我对她吼道：“我只是想把事情做好！”然而，我闭上了眼睛，站在那里努力呼吸。我可以感觉到她很痛苦，我不想再加剧这种感觉。我感到一阵愤怒的情绪在我体内升起，一切都在燃烧。我不想放任这种感觉，也知道只有为她腾出一些空间，才能与她分享我的观点。

我继续呼吸，将注意力放在身体末端以使自己站稳，感觉到自己的脚站在地上。愤怒的浪潮过去了，我呼了一口气，将拳头松开，呼吸慢了下来。

我看着她说："我知道了，对不起，我的话对你造成了不好的影响。"然后我停下来，看这句话会产生什么效果。

"谢谢。"埃文说，声音仍然有些发抖，但情绪有所软化。短短的几句交流之后，我们理解了彼此，放开不好的情绪，然后继续将行李装车，终于都感觉到了轻松自如。

我并不是每次都能控制住情绪。但是这次，之前的训练让我注意到本能的自我维护，然后重新投入，并且及时转换内在的出发点。如果我错过了这些信号并表现出习惯的模式，那么可以想象——我会和埃文大吵一架。

两个问题

抵制旧习惯的影响很难，我们可能会留意到正在发生什么，但缺乏克制力，不由自主地还是根据习惯来做出反应，也没有足够的力量来改变自己的意愿。或许我们很难相信新方法会奏效。在这些情况下，查看我们的预期并唤起内在的价值会有所帮助。

卢森堡有一个简洁的方法。他鼓励人们提出两个问题：第一，我想让另一个人做什么？第二，我希望他们出于什么理由这样做？

如果我们只问第一个问题，就可能会不择手段地来满足自身的需求。我们可能会责怪他人，甚至以某种方式操纵、胁迫他人（在新年前夜，我可能会朝埃文大吼："你能不要这么敏感吗？我只是想把事情做好！"）。虽然这些策略可能会产生短期效果，但也会有代价，即让我们之间的关系变差，令我们失去了他人的一些信任和善意。

如果我们问自己第二个问题，那么我们采取这些策略的可能性就会大大降低。我们是希望他人因为害怕惩罚或报复而改变他们的行为，还是希望他们因为了解其中的价值以及我们对此在意的原因而心甘情愿地去做某件事？

这些问题促使我们产生迥异的出发点，以建立更多的联结。我们思考的角度变成：让我们试着互相理解。在我与埃文的那件事中，我希望她因为了解我的想法而继续专注于传递东西，而不是因为我争论赢了或证明了她是错的。一旦我们彼此理解，事情的进展就变得容易了。

练习：询问

使用这一练习为对话做准备。思考以下问题，以帮助自己理清意愿，并增强保持好奇心和关怀的能力。通过练习，你可能会发现自己可以在对话中使用这些问题来转变自身的意愿。

问题1：你希望其他人做什么？是否有不止一种方法可以让你满意？尝试发挥创造力并开阔思路。

问题2：你希望他们出于什么理由这样做？你为什么要他们这样做？你希望他们了解或理解什么？

思考：考虑到这一点，你想如何进行对话？

当我们滑入习惯模式时，很容易对他人的意愿做出假设。当朋友迟到，或伴侣忘记答应的事，我们就感到更多的伤害，觉得这意味着自己在他们心中无关紧要。

“如果你知道这对我有多重要，那么你就会……”或是“如果你爱我，你就会……”理解的意愿为了解发生的事情提供了新的方式，并且可能会提出解决问题的替代性思路。

运用力量去保护

在生活中的某些场景中，立竿见影的结果比协作与对话更重要——因为涉及安全。当我们的主要目标是保护自己或他人的福祉时，我们应该采用卢森堡所说的保护性武力。比如有孩子在街上奔跑，我们会大喊或抓住他们，尽一切努力确保他们的安全。

这是个复杂的哲学范畴的问题。是否能合理化地使用手段？谁有权决定这一点？一旦我们认定“为了自己的利益”或“为了更大的利益”可以单方面使用武力，我们是不是就面临滥用力量和造成伤害的风险？

为了让我们能深入地探索这个问题，我想指出卢森堡所说的保护性武力与我们基于默认习惯使用武力之间的一些主要区别。

首先，在卢森堡的定义中，我们是有意识地使用武力，而不是出于绝望或习惯而无意识地使用。第二，我们没有恶意，而是希望保护他人不受伤害。第三，这是一个临时的、有时间限制的策略。最后，我们在此过程中保持着与他人的联结，而不是将他们视为问题或敌人。

一旦一切恢复安全，我们就可以继续正常地处理。恢复性司法制度（与惩罚性刑事司法相对）正是基于这些原则。消除了眼前的危险，我们就可以努力建立理解，为将来的修复创造条件并提高安全性。

好奇心与关怀的力量：行动中的合气道

我很喜欢合气道老师特里·多布森讲过的一个体现好奇心和关怀的故事。多布森是一位前海军陆战队员，他曾与合气道创始人一起在日本东京研究武术。尽管他的老师强调合气道是和平与和解的一种方式，但多布森还是渴望在战斗中测试他的训练成果。

某个下午，一个醉醺醺的工人踉踉跄跄地走进地铁站，愤怒地大骂着。忽然，他冲向一个带着婴儿的妇女，差点打了母子俩。多布森站起来叫住工人，护卫在乘车的妇女和她的孩子前。于是这个工人开始辱骂多布森，还打了一个飞吻来进一步激怒他。就在这时，火车的另一头传来一声锐利的喊话：“嘿！过来，我们聊聊。”

只见一个矮个子的老人坐在车厢的另一侧。那个工人转身大喊："我为什么要跟你说话？"

"你都喝了什么？"老人问道。

"我一直在喝清酒，这不干你的事！"

"哦，真好，"老人高兴地说，"太棒了！我也喜欢喝清酒。每天晚上，我和我的妻子——她76岁了，我们都会温一壶清酒，然后拿到花园里，坐在我祖父的第一个学生为他做的旧木板凳上，看太阳下山，看柿子树的长势如何……"

老人说话时，醉汉的表情开始变得柔和，轻声说了句："是的，我也喜欢柿子……"

老人问："我想你一定也有一个可爱的妻子吧？"

工人流下眼泪，说自己的妻子已经死了。他开始抽泣："我没有老婆，没有家，没有工作，没有钱，也无处可去，我很惭愧。"

很快，工人就坐到老人旁边，头搭在他膝盖上，老人轻轻地抚摸着他那乱蓬蓬的头发。多布森后来总结说："当时我想用武力来处理的事，老人用温暖的三言两语就解决了。我曾在战斗中感受过合气道，它的实质就是爱……我需要以一种完全不同的精神去实践武术，看来我也要花很长的时间才能学会如何解决冲突。"

这是从好奇心与关怀出发的变革性力量，它让我们在面对侵犯时保持彼此之间的联结。建立这种联结需要练习，投入是联结的前提和基础。真正去理解的意愿是将我们引向正确方向的指南针。

总结

责备和批评越少，他人就越容易听进我们的话。

相互了解越多，就越容易合作并一同寻找创造性的解决方案。

我们所做的一切都是为了满足某种需求。

关键点

意愿塑造了我们言语和非言语的交流，指导了对话的过程。理解的意愿包括好奇心和关怀：

好奇心意味着我们对认识并了解我们不知道的事物感兴趣。

关怀是善意。这取决于我们愿意关注并愿意看到彼此的人性。

正念练习可帮助我们培养理解力而不是去评判。我们可以训练自己留意出于习惯的责备行为，并通过练习转向理解的意愿。

内心思考："这个人在意什么？"

只要说"哦！"。留意任何出于习惯的意愿，并保持好奇心。

唤起你的意愿。

问自己两个问题："我想要对方做什么？ 我希望他们出于什么理由这样做？"

问&答

问：当您认定对方不是出于良好的意愿，而是故意为难或是有意让事情变得困难，又如何以好奇心和关怀为出发点呢?

答：这并不容易，尤其是在相互信任度极低的对抗性情况下。首先，你需要找到一种方式来处理自己对好奇心和关怀的体验：从朋友那里得到同情，用同理心来减轻困扰，并弄清自己的需求。我也建议你不要过分揣度对方的意愿。我们喜欢推断别人行为背后的意思，但我们的假设并不总是正确的。

所有这些让你有更多的空间去询问：“他们想要什么？”请记住，我们所做的一切都是为了满足需要。尝试改变一下视角，你能否将他们的行为视为满足更深层、更普遍需求的策略？这种开阔胸襟并想象对方体验的尝试，可以带来变革。

最后一步是尝试培养对他人的同情心，这将使你的内心免受痛苦并为人际关系开辟更多的可能性。俗话说：被伤害的人会伤害他人。我建议你尝试观察他们的脆弱、痛苦或不安全感，这些可能导致了他们现在的行为。

问：我也曾尝试着以好奇心和关怀为出发点，但没有成功。对方似乎不在乎我的需要。好像只有当两个人都带着好奇心和关怀时，这个策略才有作用。

答：如果两个人都带着这样的出发点时，事情会容易很多！但是，只要一方即刻改变关系的态势或让对话转变，就能影响局面的形态和发展。

这里有很多因素在起作用，我们开始可能会好奇，但在压力下会难以保持真正去理解的意愿，需要练习和技巧，才能在充满挑战的情况下保持镇定。我们可能需要一再平衡来应对强烈的指责或愤怒，以倾听他人更深层次的需求，化解侵略性，及时并有意义地分享我们的观点。最后，我们要反省对成功的看法。如果我们只是想按照自己的想法行事，就不能真正开放地进行对话。我们必须转变愿意，以发现创造性的可能。

一位同事讲述了波士顿两个妇女群体的故事，她们定期会面，就堕胎的问题讨论各自的看法。双方的观点存在矛盾，其中一个群体赞成自主选择，另一个群体则认为生命更为重要。最后，她们都没有改变自己的观点，但是建立了相互尊重并有意义的关系。当认为生命更为重要的群体得知有人想轰炸堕胎诊所时，她们明确表达自己的群体不欢迎此类行动。对我们来说，这就是成功。虽然没有人改变立场，但是她们不愿意将暴力作为满足需求的策略，因为她们看到了对方的人性。

问：如果知道自己的需求无法得到满足，您会怎么做？如果事情无论如何不会有结果，您又会如何处理？

答：当我们的需求得不到满足时，可能会觉得很困难、很痛苦。使用这些方法的很大一部分原因是通过哀悼我们未被满足的需求可以度过生活中难熬的时刻，通过这些感觉寻找温柔可以帮助我们学会与未被满足的需求和平相处，为我们的生活带来更多的自由。

此过程的一部分是区分我们的需求和对某种特定策略的执着。很多时候，这种哀悼是因为我们认为某种特定策略无效。识别我们的需求的好处之一是它为我们提供了更多选择。它使我们能够使用更多创造性的选项。

我也建议你充分意识到实际发生的事情与你的预测或相信

会发生的事之间的区别。有时，当我们告诉自己“某某方式是不可能做到”的时候，我们是在努力保护自己免受失望或痛苦的伤害。

尝试改成这样的一种句式：“我很难想象他们会同意我的需要。”这会带来迥异的内心体验，一种基于对其他需求的清晰了解，这些需求你选择不去提出而是去满足。

第六章
不要让对话断线

与其用耳朵去听，不如用心聆听。

——佚名

倾听是对话的基石，也是精神实践必备的技能。当我们从好奇心和关怀出发时，我们愿意并且能够倾听，打开一条通向联结和理解的管道。

倾听的方式有很多。我们可以听别人说的内容，他们的感受，或是言语中隐含的重要信息。

真正的聆听取决于一种内在的静默。它要求我们清空自己，并腾出空间以接受新事物。几年前，当我与高中的老朋友杰里米发生意见分歧时，我对此感触尤深。

“哥们儿，你没在听我说话！”杰里米喊道。

当时我们站在他的厨房里，他非常沮丧。尽管我已经不记得细节，但还是能想起来自己并没有全神贯注地听他说话，只想着等他说完，好解释自己的观点。所以当时即使我完全保持沉默，与他有眼神交流，并听清了每个字，但他仍然可以感觉到我并没有把他的话听进去。在他说话的过程中，我却在构思如何为自己辩护。

我深吸了一口气，闭上眼睛，停止自己的解读——我可以稍后做这些。我暂时放下一切思绪，只是放松地倾听并尝试理解。我感觉双脚站在地上，并睁开眼睛。

“好吧，”我说，“请继续。”当我暂停思考如何为自己辩护时，整个谈话的氛围发生了变化。

“谢谢你。”杰里米长舒一口气继续说下去，他能感觉到我现在真的很愿意而且在全心全意地听。他继续表达自己的感受以及原因。我听着，而且听进去了，并承认了他体验的真实性，这与我自己的感受或看法无关。

“是的，我明白你的感受。我明白你为什么感到沮丧。”

只要一些善解人意的话，事情就迎刃而解。我可能也分享了自己的看法——我不太记得了。但这不重要，其中关键的转变是放开自己，带着真正的好奇心和关怀去聆听对方的话。

学习如何倾听

聆听需要彻底放下以自我为中心的想法。我们必须愿意暂时放下自己的思想、观点和感受，从而真正地去聆听。这是一种全神贯注的接受能力，是沟通和沉思实践的核心。

每段对话都需要静默。没有它，我们将无法倾听，也不会产生真正的交流。聆听时的沉默不是靠强迫或是约束，而是一种源于兴趣的、自然而然的宁静。当你想闻一朵花时，你会怎么做？

你大概会闭上眼睛，靠近，然后慢慢吸气。当你嗅到花香时，你的思绪变得平静。全身心投入也许是最有力的聆听方式。正如诗人兼老师马克·内波所写的：聆听就是轻柔地俯身，并愿意被我们所听到的话语改变。

旷野教会了我如何去聆听。古老红木的稳固、高山湖泊的宁静或溪流发出的动听音乐，都能让心灵和思想回归平静。面对这样的奇迹，我们情绪的躁动会逐渐消失，只留下纯粹的聆听。

我们在冥想中学习这种深度聆听，找寻意识的宁静。通过练习，我们可以在对话中保持这种宁静。我们越是懂得如何聆听，就越能投入与他人的关系以及自己的生活中。

这一点不仅在美好的时刻重要，在艰难的时刻同样重要。真正的聆听使我们能够欣赏所爱之人的投入，让我们能够被善意感动。当我和埃文甜言蜜语或拥抱时，会以这种方式询问对方：“你全心投入了吗？”

这种乐于接受的倾听可以滋养心灵。

练习：全心全意地倾听

所有聆听都从投入开始。进行对话时，请留意自己是否在全神贯注地聆听，是否不自觉地开始就对方的话进行诠释、评论或在心里构思接下来要如何反驳。你是否可以一次次地回归单纯的投入，心无旁骛地聆听？

不要让对话断线

对话的主要目的之一是建立联结（达到处理当前问题所需要的程度），然后尽最大努力保持。如果我们失去联结，沟通就会消失或中止。

这一点在激烈的争论中最为明显，因为这种情况下，所有相互承认或理解的意愿都可能荡然无存，取而代之的是谈话双方相互攻讦的激烈话语。我们不会慢下来听听对方在说什么，谈话其实早已中断，但我们仍在自说自话。

在很多时候，我们通过与文化相适应的肢体语言来保持非言语的联结：面部表情、眼神交流、语气，等等。我们时而点头，时而说“嗯”。我们可能将头向一侧倾斜，睁大眼睛或皱起眉头，以表示我们没有听懂或要求对方解释。说话者甚至可以插入简单的是与否问题：“你听懂了吗？你理解了吗？你明白我说的意思吗？”

通过确认倾听和理解来加强联结，这样可以创建一个良好的呼叫和响应的节奏。通过这种方式，我们用投入和意愿来不断检查自己是否与对方联结，对话是否中断。这就好比开车，即便有别的事，也要保持一只手放在方向盘上，以确保车辆不会偏离车道。我们大多数人都是凭着本能自动地执行这一操作，但我们可以通过有意识地关注这一过程来增强自己在这方面的能力。

练习：保持联结

下次你进行对话时，请追踪这一联结。使用前两个步骤（以投入来引领，并从好奇心和关怀出发）与他人建立联结。然后聆听并通过肢体语言、面部表情、语气或简短的口头询问来定期查看你们是否仍处于联结状态。当对话中断时（若你感觉到联结断开，或产生了误会），降低速度并查看是否可以重新建立联结。

完成周期

通过声音和肢体语言进行非正式的检查可以帮助我们评估对话中的一般联结，但它还是基于一种假设。当我问“你理解了吗？”你说“是”，我得到的答案只不过是你以为自己理解了。沟通中最大的问题就是我们以为自己在沟通的错觉。

为确保对话不会中断，我们需要一种更可靠的方法，一种真正的、轻巧的方式来确认我们确实听到了对方所说的话。聆听时，我们希望自己听得正确；说话时，我们希望对方正确理解我们的话。在困难的对话中，这种需要更为迫切。

“你没有在听！你不理解！”你在争论中已经说（或听到）过几次这样的话了？虽然我们说着相同的语言，但这并不意味着我们彼此就了解。你以为你说的是一件事，他人听到的却是另一件事；你想表达的是一种意思，说出来的却是另一种意思。很快这段对话就成了一团乱麻！

当有人说“你没在听”时，其部分含义是“我觉得你没有理解我”。这通常意味着对方对同情的需要，或表示双方正在失去联结。为了重回正轨，我们首先需要重新建立联结，以下两个例子可以说明对话中出现的这种情况。

甲：“你没在听！”

乙：“我在听！我听到了你说的每一个字！”

甲：“你没在听！”

乙：“你可能感觉没有被理解，我努力想听懂，让我再试一下。”或者说：“好——我也想更透彻地理解你的意思。我要怎么说或者怎么做，才能让你觉得我理解了呢？”

哪种对话更有助于解决问题呢？ 首先，每个人都会觉得对方没有完全理解自己的意思，这通常促使我们更加强烈地声明自己的立场，导致联结的减少及提出更多对自己言论的主张。我们大多数人都知道被卷入这种旋涡有多么可怕，事物可能会迅速恶化并以痛苦的方式结束。

请注意第二个示例中的差异，即我们愿意带着同理心倾听他人。这时，乙方承认甲方的体验并尝试重新建立联结。要做到这一点，我们必须用从好奇心与关怀出发的能力来引领，而不是退回到我们习惯性的防御或指责模式。

这里的主要方法是通过复述来“完成一个交流周期”。我们先听，然后在关键时刻确认一方听到的与另一方想表达的意思相匹配，即发送的消息等于接收到的消息。

复述，即对所说的内容进行重述或询问，以确认自己的理解是正确的。

当你在餐厅点餐时，餐厅员工会重复一遍你的订单，以检查他们的信息是否正确。对话中，在做出回应之前，对方先要知道何时复述出你听到的意思。当你说的事情很重要，就要请对方重新表述，这样你可以知道对方是否听懂了你想表达的意思。

当对方说完后，我们在回应之前进行复述是沟通的基本要素，它是有效对话和争论间的区别。当完成一个交流周期时，我们会感觉很好，而得到确认并知道我们正在互相倾听则令人欣慰，这通常会给人一种安定、舒缓和放松的感觉。当感觉被理解时，我们也会有更大的空间去听别人说话。因此，表现同理心并倾听他人的声音符合我们的最大利益。

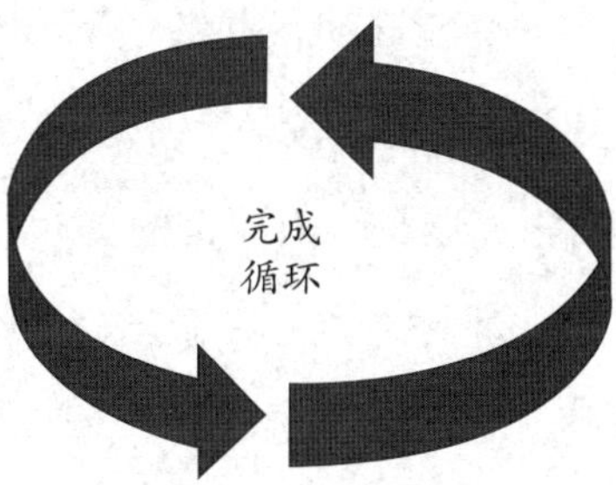

图2　完成周期

原则

当人们感觉被倾听时，他们去倾听的意愿也更强烈，所以我们如果要建立理解，请在做出回应之前复述对方的意思。

我和埃文经常依靠这个方法来处理困难。记得我们刚在一起的时候，会坐在沙发上讨论关于各自希望保持什么样的沟通频率。

埃文："我感觉很困扰，觉得如果不马上回你的信息你就会发火。"

欧伦 ："听起来你好像是因为工作忙，来不及回复信息而觉得沮丧。"

埃文："是的，要我立马回复信息是没道理的。"

欧伦："所以你希望我更加理解，你因为有更重要的任务，所以不能马上回复信息？"

埃文的专业是环境工程，喜欢科学那种清晰明了的感觉。有一次，在我们完成一个交流周期，并继续下一个话题时，她欣喜地说："我从来不知道交流就像数学一样！"我们有方法和耐心来互相倾听并解决问题，这是令人振奋的。

除了让我们感到被理解之外，在做出回应之前进行复述还能减缓对话的发展速度。它可以让你在每个周期中——即说、听、反思，理解一个点，并让双方都有时间整合对方所说的内容。

在回应之前，我们可能需要在特定的对话中进行多次带有同理心的复述才能产生足够的联结。尤其是在一方情绪激动时，如果我们坚持下去，这种持续的同理心就会产生戏剧性的结果。

练习：复述后再回答

在容易的对话中进行此练习，在做出回应之前，尝试进行复述。在对方分享重要信息之后，对所听到的内容进行复述，以确认自己是否理解得当。当你觉得用一般的言语不足以确认对方的意思，对话的情绪强烈时，请执行此操作。

提示

用对方容易听懂的话来阐述你对他们意思的理解。

用疑问句而不是陈述句来复述，表明你是在确认对方的意思，而不是告诉对方他们自己所说的话。

保持真正的好奇心和关怀。

保持语言尽可能地自然和真实。

不仅在谈论庆祝或成功时要进行复述，在谈论不好的消息时也要尝试这样做。

注意一个周期完成后的迹象：口头肯定，长舒一口气，或安定感。即使你的复述不是百分之百准确，也能带来更多的联结，因为它使对方有机会澄清或进一步解释其中的含义。

示例

陈述："我简直不敢相信她会那样说，毕竟我们共同经历了……"

复述："你很惊讶她会这么说，对吧？"或"听起来你真的很沮丧，并且想知道促使她这么说的动机？"

陈述："我感到厌倦！我是那个什么都要做的人！"

复述："哦，看来你真是受够了自己什么都要做，对吧？"或"看来你真的对此忍无可忍了，是吗？你是否需要更多的团队合作或者合理的分工？"

保持真实

我所鼓励的不同于通常所说的"主动聆听"。许多人会用诸如"所以我听到你说的是……"这样的常用语。当我们使用不是发自内心而是流于表面的技术时，我们的话语听起来就很老套，从而减少了与谈话者之间的联结。我们可能遗忘了这一点，过于专注技术，以至于忘记真正去聆听。

从一开始就要重视培训基础，这一点至关重要。在做出回应之前进行复述，是建立足够的联结和理解以进行协作的方法。这不是教条："在回应之前，你应该复述。"

沟通练习不是关于我们所说的话，而是关于我们说话的出发点。让意愿中的诚意引导你的聆听和话语。如果你真的希望对方听到你的声音，你会怎么说？你将如何确保自己的理解？如果你真的想让自己被倾听，又该如何询问？

同样重要的是，无论我们如何努力显得自然，在学习任何东西的过程中，通常都会经历尴尬的阶段，学会驾驭我们的声音并适应新的沟通方式需要花费时间。

同理心的根源

语言复述的核心是同理心：凭直觉想去理解他人的经历。没有同理心，复述就会变得空虚。

当我们花时间和一个蹒跚学步的小孩或小狗玩耍，内心会变得柔软。站在生气或惊慌的人身边，我们也会感觉到同样的情绪！这就是被称为情绪传染的现象。当婴儿听到其他婴儿的哭声时，他们也开始哭泣。当我们看到小孩或小狗受伤时，内心会颤抖。同理心会让我们产生出手相助的冲动。

今天，我们对同理心的神经学和进化基础有了更多的了解。婴儿需要同理心的联结才能使大脑正常发育。同理心神经生物学最具有突破性的发现之一就是发现了镜面神经元，它提供了一种直接的躯体性同理心。当我们看到他人正在做某个动作时，镜像神经元就会被触发。我们大脑的一部分在默默地执行周围人的动作，就好像我们自己在做一样，包括面部表情。我们的大脑在内部模仿着他人的情感表达——我们生来就有同理心。

同理心是聆听的核心。当我闭上眼睛，花时间真正听到杰里米所说的话时，我就切换到了同理心模式。同理心有着多种功能：它可以创造治愈力并建立韧性；可以刺激健康的关系；可以舒缓强烈的情绪，促进理解并有助于解决分歧。

同理心是指从他人的角度理解或感受他人体验的能力。

同理心的字面意思是“感觉进入”。尽管它可以通过多种方式（静默聆听，言语复述，触动，行动）表达，但同理心主要是人身上存在的一种品质，是我们对自己以及他人体验的一种接受性的调和。我们可以说同理心是投入与理解的结合，是一种真正带着关怀的兴趣，让我们能够进入另一个人的世界并了解他们的体验。人本主义心理学的创始人之一卡尔·罗杰斯是这样描述同理心的：

同理心是一种复杂、苛刻、坚强但又微妙而温柔的存在方式……这意味着进入另一个人的心理世界，时刻敏锐地感受到其中不断流动变化的情绪。

这种共鸣、接受的能力是我们作为人类所具有的主要品质之一，鉴于对足够的安全感、寄托和其他基本需要的需求，同理心和同情心成了人类天生的一种倾向。

同理心的障碍

虽然同理心是天生的，但有各种条件会阻碍它。从广义上来说，我们在社会化过程中学会了不去产生同理心。我们的家庭、文化、社会教会我们去恐惧或憎恨与我们不同的人。我们蒙蔽同理心，以适应环境，并保护自己在一个无法满足我们需求的世界中生存。

正如蜜奇·卡什坦在《根本活力的旋转之线》中所阐释的那样，失去同理心的代价是高昂的。

虽说我们有互相认可和同理心这样深层的本质，但并不意味着我们将始终带着关怀和同理心行事。相反，这意味着在一定程度上，我们忽略了关怀和同理心，培养了其他情感并为此付出了巨大的代价：个人层面的抑郁、冷漠、噩梦、牺牲感和愤怒以及社会层面的犯罪、忽略和孤立。

恢复我们的同理能力对于打造幸福、健康的关系和有效的对话至关重要。许多使我们无法投入的事物——疲倦、压力、饥饿、情绪激动、生气无助、强烈的欲求或对特定结果的执着——同样会削弱我们的同理心。强烈的观点、恐惧、对痛苦的预期、崩溃也会阻碍同理心。甚至有新的研究表明，我们在电子设备上花的时间越多，同理心就越少。

当我们没有从别人那里得到所期望的同理心，而又没有意识到（或忘记）有些东西会阻碍同理心时，我们可能会自己用一些借口来尝试解释事情的缘由，可能会认为自己或他人有问题，甚至觉得不被在乎。不用相信这些借口，要认识到产生同理心的条件可能还未出现。这为我们的好奇心和关怀留出了更多的空间，以便发现这些问题并用创造性的方法加以解决。

当我们没有同理心时，会采用一些相当常见的方式做出回应。心理学家托马斯·戈登称它们为“沟通障碍”，因为它们阻碍了联结和理解。

练习：找出阻挡同理心的障碍

下一次你感到沮丧或停滞的时候，花点时间思考一下。可能是艰难的事（分手）或者是琐事（在机动车驾驶管理处被刁难）。设想一下自己在向一位朋友叙述，然后阅读下面的回复。

责备或评判：“很可能就是你的错，你总是把事情弄得一团糟。”

教育：“你要学会如何为自己辩护，你应该勇敢地大声说出来……”

给出意见：“你需要这样做……我认识一位很棒的治疗师……”

警告、威胁：“你最好今早处理完……我和你说了多少次了……”

给出指令：“忘了这回事吧，你应该继续前进。”

分析、诊断：“问题是……我觉得这和你的童年经历有关……”

比较、“压人一头”：“你觉得这样就够糟了吗？有一次……”

插科打诨：“那你闲下来时都做些什么呢？你看过那部电影吗？”

质问：“你去哪里了？你干吗插手管这件事呢？”

赞美、赞同：“你真是我见过最慷慨善良的人……你的意见是对的……”

同情、安抚：“哦，小可怜……你已经尽力了。一切会好起来的。”

没有感受到同理心的感觉是怎样的？生活中，你周围的人会采用哪种类型的反应？你习惯性接受哪一种？

同理心和其中某些回应之间的区别可能是微妙的。同情通常被认为是积极的，但也可能包含怜悯的意味。同情和同理心的区别，在于同情有一定距离，不愿经受他人的痛苦。质问可能会使说话者的思路偏离。赞美和赞同虽然有效，但也可能没有考虑到他人的情绪，即使安抚也可能无法提供足够的空间来感受真实，而且这往往是由我们自身的不适驱动的。

尽管其中一些反应在适当的时候可能有用，但它们通常是习惯性和下意识的，代替了真正的同理心。相反，去实在地感受对方的经历会是怎样的呢？保持投入，你会如何以自然的同理心做出反应？

带着同理心，我们才能从他人的角度体会他们的感受。这通常是通过我们的语气而不是特定的词来表达的。“我很抱歉”这句话，我们可以冷淡并带着距离感说，也可以真诚地带着关心说。从根本上来说，同理心意味着试图直接去体验其本身，而不是试图去修正、改变或解释它。这种有体验的意愿是同理心的关键。

同理心的三个维度

玛雅·安杰卢说：“如果可以，我想让每个人都变成一个非洲裔美国人至少一周时间。”

如果美国每个人都能亲身经历棕色皮肤美国人日常经历的生活，会有什么效果？这种同理心可以逐渐清除奴隶制和种族主义在这个国家的遗毒。

真正的同理心有三个维度，它同时具有认知、情感和躯体性。

认知同理心需要站在他人的角度，这是一种站在他人立场并从智力上理解另一个人感觉的能力。情感同理心意味着能够与他人共处。它超越了对他人内部世界的认知把握，而进入了对它的情感体验。就像弦乐器因谐波共振而振动一样，我们的心脏也可能因他人的痛苦或喜悦而颤抖。

第三个维度是躯体同理心，这是一种以具体的方式感知他人体验的能力，是一种内在的、深入的理解。在非裔美国作家塔尼希西·科茨的著作《世界与我之间》里有一封写给他十几岁儿子的信，信中描述了一种强大的身体同理心：

> 我们所有的措辞，种族关系、种族鸿沟、种族正义、种族貌相、白人特权甚至白人至上都掩盖了种族主义是一种内心的体验的事实。它扰乱大脑，阻塞呼吸，撕裂肌肉，分离器官，分裂骨头，折断牙齿。你绝不能将目光移开，你必须始终记住……它会让身体遭受巨大的暴力冲击。

同理心加深并非只是一种认知或智力活动，尽管它来源于此。它使人们对他人的经历既有情感又有具体的理解，如果没有这些互补的方面，我们的同理心就是不完整的。当认知同理心与情感同理心分开时，同理心就可能被用来操纵或伤害他人，甚至是加深酷刑。真正的同理心是这三个领域的整合，它可以带来疗愈、韧性和转变。

同理心让我们去审视人与人之间分离与否，并促使我们深入人人都有的人性。第一步是通过正念更深入地与我们的经验建立联结。自我意识是同理心联结的基础，随着我们更详细、更丰富地体验自己内在生命的环境，我们对别人内在生命的理解能力也随之增强。

然后，我们需要放下自己，以走出我们自身的框架。百老汇演员欧基瑞德·欧诺多温形容同理心在他的专业中的作用时，巧妙地说道："你要想穿着我的鞋子走上一公里，必须先脱下自己的鞋子。"

我们让心灵和思想超越自身的见解、观点和感受，进而看见他人的内心世界。我们利用想象力、创造力和直觉来感知生活在他人身体内的感觉。

充满同理心的聆听是从好奇心与关怀出发的主要方法，也是对话的基础。你可以通过以下三种方式开始练习，将更多的同理心带入生活，从而整合你在本章中学到的知识。

练习：同理心

尝试在与你无关的对话中进行此练习。当你的心绪不过于被影响时，通常更容易产生同理心。请记住，同理心不在言语中，而是来自你内心深处的一种品质。专注于了解对方的经历，让语言自然流淌。

静默的同理心投入：练习完全倾听，全心去理解，“感知”对方在说什么，这对他们来说意味着什么？

换一种方式复述：听完后，总结一下你所听到的内容。他们所说的主要内容是什么？有时，只需重复一个或两个关键词就足够了。

同理心复述：听完后，通过复述对他们最重要的内容来检查自己是否理解得当。这可能包括他们的感觉和需求。对故事背后的这个人来说最重要的是什么？你如何让他们感到被倾听？请记住将你的想法以问题的形式表达，并检查以确保理解无误。

还有许多其他方式可以表达同理心。我们可以通过友善的话语，充满爱意的情感表达，或者通过分享我们对所听到的内容的感受来表达同理心。有时，我们可以通过开放的句式，比如“告诉我更多关于……的事吧”或“还有什么？”来展示兴趣以表达同理心。

我的学生苏珊在高中教美术，她告诉我一个故事。她有一个高一学生艾芙里，平时乐呵呵漫不经心的，最近却开始提早来到课堂。苏珊和她聊了聊，意识到艾芙里内心十分挣扎。于是她们约定当天晚些时候等苏珊不忙了再见面细聊。

“我不想再去这所学校了。”艾芙里说她正在考虑退学。苏珊注意到自己不由自主想进入解决问题模式，这是她的老习惯。完成本周关于同理心的课程后，她停了下来，决定继续聆听。

“再和我说说这是怎么回事吧！”

艾芙里开始敞开心扉——她被霸凌了。她感到难过、孤独和沮丧。每当苏珊注意到自己又有修复或解决问题的冲动时，她都会感到身体和脚在地板上的重量，并压制提供解决方案的冲动。苏珊将注意力集中在艾芙里的感受上并复述了她所听到的。艾芙里开始哭泣，在说话、抽泣和尴尬的眼神交流之间来回摇摆，仿佛不确定这样讲是否有问题。苏珊给满是泪水的艾芙里一次次递上纸巾，同情又长时间地凝视着她。

艾芙里谈到了她的悲伤、孤独和不被重视的感觉。

“从一年级开始，就一直这样。”艾芙里说。

“那是你第一次感到如此悲伤和孤独吗？”苏珊问。

“不，这始于父亲在我三岁离开的那一刻。”艾芙里说完这句话后，她们互相看着对方，意识到这些话已经触及了艾芙里内心深处的痛苦。最终，她们讨论了艾芙里在学校可能需要什么，并提出了一些解决霸凌问题的方案。

第二天，艾芙里决定留在学校，制作有关抑郁症的公共艺术品。

这就是同理心的力量。我们可以用倾听的心接受叙述者说出的每一个词，表达的每一种情感。当我们从好奇心与关怀出发而不是凭着默认模式行事时，习惯性的交流策略、疗愈和转变都有了可能。

总结

当人们感觉被倾听时，他们倾听别人的意愿也更强烈，所以我们如果要建立理解，就请在做出回应之前复述对方的意思。

关键点

理解的意愿通常需要通过倾听来表达，包括暂时搁置我们自己的思想、感觉、观点和见解。我们可以通过多种方式倾听。

全身心地投入。

要切中对话的内容，还要切中言语之外的感受和需求，与他人保持联结能帮助我们建立理解并进行合作。

不要让对话断线：尝试在对话中建立并保持联结。

在回应前请复述别人的话：在继续对话前请确认你们互相正确理解，从而“完成一个对话周期”。

同理心的核心是倾听，包括认知同理心——从他人的角度看待问题；情感同理心——感知他人的情绪；躯体同理心——感受他人的身体体验。

问&答

问：如果别人需要建议怎么办？可以给建议吗？

答：当然。在别人寻求建议时，你也可以先尝试表达同理心。我经常会说："我很高兴与你分享我的一些想法，但首先，我想听进你所说的话。"在此之后，我将带着同理心去倾听，并且检验自己是否理解了。这可以帮助其他人消化他们的体验并弄清问题所在。然后，我回头询问他们是否仍然需要建议，有时候他们就不再需要了。

另一种情况，如果是你想给别人一些建议，请先询问一下，让别人知道："我有一个想法，我认为可能会有帮助。你想听听我的建议吗？"这表示你尊重他们的自主权，最大限度地降低你所输入想法被削弱的可能，并防止你将提出建议作为缓解自身焦虑情绪的方法。

问：我一直在与亲密的朋友和家人对话时尝试这些同理心工具，而我的新方法往往造成很多尴尬。当其他人希望你以某种特定方式进行交流时，您会怎么做？

答：当我们尝试建立更多联结却适得其反时，可能会造成混乱。你所经历的一部分属于沟通关系中的"习惯"这一维度。它们是动态的，牵一发而动全身。它也可能只是一条学习曲线，需要我们花费时间学习如何使用这些工具来寻找真实的声音。

放开形式化，专注于真正去联结的意愿，以及这个人感到被倾听被理解。如果别人习惯于我们通过问问题或表示同意来表达关心，而我们却漠视他们的需求，那这样的回应可能会使他们无法接受。尝试调入他们想要的内容，当其他所有方法都失败时，请让别人知道你正在尝试一些新的东西，并希望这些东西可以使你们更加接近。

第三部分

第三步：聚焦事情关键

我在本书中介绍的前两个步骤为有效的对话奠定了基础：用投入来引领，让一切成为可能；从好奇心与关怀出发，为我们指出正确的方向，引导我们的对话；专注于关键的事情，决定我们真正要去的地方。

第三步是关于我们把注意力放在哪里的训练。对话有很多要素，我们如何区分哪些是相关的，哪些是不相关的话？我们如何确定首先要处理的问题？训练我们的注意力就是解决这些复杂问题的方法。

我想请你做一个小实验。首先，把你的注意力放在你的手上，感受你能注意到的任何感觉：温暖或凉爽、沉重或轻盈、干燥或潮湿。现在，把你的注意力放在你的脚上，感受那里的任何感觉：温度、重量、触感。

把你的注意力从你的手移到你的脚上说明了思想的一个基本方面：我们可以有意识地选择把注意力放在哪里。我们整天都在使用我们的手和脚，所以我们可以随时注意到那里。这种训练注意力的能力是进行有效对话的第三步的基础。

卢森堡指出了经验的四个关键方面，这些方面，一旦明确认定，就可以帮助我们保持与人的联结，促进协作。我们将学会解析实际情况，明了与那些事件相关的情感，产生这些情感的更深层次的关注和需求以及可能推动的关于对话的具体要求，而不是受到职责、被动反应性判断和狭隘解读的限制。换句话说：就是搞明白发生了什么？你怎么样看待它？为什么？接下来我们要怎么做？

在第三部分中，我们将训练注意力，去辨别和编织这四个要素——观察、情感、需求和要求。当我们对这些方面的经验逐渐多起来时，我们就会知道它们是如何组合在一起的，就像舞步一样融为一体。我们可以用它们来更清楚地表达自己，更轻松地倾听对方。

在这个丰富的领域内，有效对话的第三步是非常灵活的。专注于重要的事情可以是对事物的广泛看法，也可以是对一个方面的放大处理。我们训练自己的注意力，不断识别出在任何特定的时刻什么是最重要的。这种技能可使我们在交流中拥有极大的自由度和灵活性，进而将无关紧要的因素放在一边，集中精力于事情的本质。而当我们专注于重要的事情时，我们就能表达自己真实的意愿，一步一步地建立一场有效的对话。

第七章

深入问题核心

这就是我的秘密。它很简单。我们只有用心灵才能看得透彻，真正重要的东西，只用眼睛是看不见的。

——安托万·德·圣-埃克苏佩里（著名儿童文学家）

想象一下，如果不论何人说了或做了什么，你都能听到他们的话语或行动背后那更深层次的担忧，那会是什么情形？看到他们的内心，感觉到他们真正渴望的是什么，对那个人产生自然的同理心，会是什么感觉？或者凭直觉就能知道在任何情况下对你来说什么是最重要的，又会发生什么？

这是有可能的，是训练我们的注意力以辨识人的需求和价值观的结果。这是一种同时具有变革性、强大性、解放性的实践。学会以这种方式看事情需要时间和一定的注意力训练，但这完全在我们的掌握范围之内，其结果和意义是深远的。

在第五章中，我们探讨了非暴力沟通核心的一种基本观点——出发点。我们所做的一切都是为了满足某种需求，这就是核心。因此我想要更深入地探究这种观点的含义以及支持这种观点的注意力训练。要认识到这种观点的变革力量，我们需要了解需求和价值观。善于识别需求并明智地将它们联系起来，会带来更多的洞察与见识、自由和选择，甚至连我们最困难的关系也能够驾驭。

当二十岁出头的我在一次交流研讨会上第一次接触到需求的概念时，我感到非常震惊与触动。我曾经历过一段相当艰难的时期，感到无比孤独，努力想寻找自己在这世界中的位置。一次在我与同事和家人发生冲突之后，我了解到我的情绪背后存在着真实的原因——那是一种启示和一次解脱。我找到了一个新的工具，可以帮助我们直观来理解那些有意义的行为：我们每个人都在尽自己最大的努力满足自己的需求。

在《非暴力沟通》以及许多心理学家和社会理论家的著作中，“需求”一词指的是一些非常具体的事物，不同于一般的用法。口语中我们可能会说“我需要你听我说”或者“我需要你准时”。这些都是策略——关于如何满足我们需求的策略。“需求”则是我们的策略之下至关重要的内容，它们是驱策我们行动的基本价值观。如果我想让你听我说，我可能需要理解，希望更加守时则可能与尊重、团队合作或效率有关。

需求是激励我们行动的核心价值观，它们是最重要的，是各种我们希望得到的东西。

我们可以把需求看作是人性的各个方面。它们是普遍的、积极的品质，可以使丰富多彩的人类生活充满活力。我们所有人都有相同的需求，尽管我们对它们的感受程度不同，但有着各不相同的策略来满足自身。与特定的人、地点、时间、对象或行动相关的任何事物都是一种策略。有些策略成功，有些则没有；有些是明智的，有些是不明智的。任何行动都可以理解为试图满足许多需求。我们散步是为了健康、放松或清醒头脑。同样，也有许多策略可以满足特定的需求：我们可以通过与朋友聊天、外出活动或做瑜伽来放松身心。

需求的集合

亚伯拉罕·马斯洛是引入现代社会人类需求概念的主要人物之一。在他的心理健康形成理论中，他提出了一个“需求层次”，有时这个理论会用一个金字塔来图示，我们最基本的生理需求在底部；关系需求例如社区、归属感和尊重在中间；更高层次的需求，如意义、满足和安宁在顶部。马斯洛的理论成果由人本主义心理学家卡尔·罗杰斯进一步发展，他也是卢森堡的导师。

在本章中，我使用了“需求”“价值”以及“什么是重要的”这些可互换的术语来指代人类经验的这一基本的方面。尽管“需求”和“价值”之间存在哲学上的区别，但在这里，我更感兴趣的是提供不同的方式，来通俗地描述激励我们的各种品质。

需求层次结构的概念指出，在许多情况下，当更基本的需求得不到满足时，就很难满足更高层次的需求。如果我们感到压力和疲倦，就难以获得同理心。如果我们连干净的水、药品或人身安全都无法获得，那么创造力只能退居次要地位。

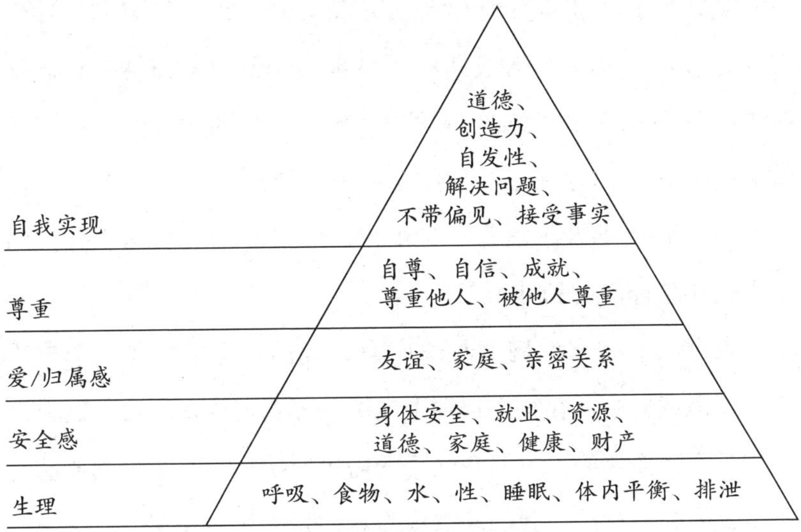

图3　马斯洛需求层次理论

然而，并没有绝对的需求层次。我们有无数的方法来应对超出我们基本需要的情况。感到压力时，我们可能会找到耐心来忍受一次艰难的谈话。而父母和伴侣每天都为孩子和爱人做出自我牺牲。纵观历史，直至今日，人类个体在充满暴力和贫穷的可怕环境中依然可以得到力量、同情和宽容。

当我想到像纳尔逊 · 曼德拉这样的人时，我经常会很感动。他在监狱被关了27年，无法参加他自己的母亲和儿子的葬礼。获得释放之后，他说了这样的名言："当我走出囚室、迈过通往自由的监狱大门时，我已经清楚，自己若不能把悲痛与怨恨留在身后，那么我其实仍在狱中。"

我还想到了犹太妇女伊蒂·希勒苏姆，她的日记和信件讲述了她在第二次世界大战期间，在被占领的阿姆斯特丹和后来被送往奥斯威辛集中营之前的一个集中营里的这段时间不同寻常的内心转变。她在去奥斯维辛的火车上留下一张纸条，上面写着："我们唱着歌离开了集中营。"短短的一句话充分说明了人类超越环境的精神力量。

人类具有强大的韧性与适应力。我们永远不可能完全自给自足，但我们可以在很大程度上发展培养我们内在的自立能力。需求是不断变化的，不存在固定的需求层次结构，不论是普遍的还是个人的。相反，我们的需求是我们每个人内在相关品质的集合。在任何特定的时间，我们最珍视的东西是由无数变化的因素所决定的。

但是，我们所有的需求都很重要。人类在没有空气的情况下最多可以存活几分钟，没有水活几天，没有食物活几个星期。当我们的关系需求和更高的需求得不到满足时，也会造成真正的伤害——只是在时间上可能更长一些。婴儿得不到爱抚会死去；在没有足够的关爱和同理心的情况下长大的孩子可能很难在生活中建立健康的人际关系；我们许多人在长大后必须努力疗愈从生命初期开始对这种核心关系需求的缺失；成年人在没有人性的温暖和慰藉的情况下坚持不了多少时间，很快便会思想扭曲，精神崩溃。

下一个练习中的“人类需求列表”并不是完整的。它表明了我们作为人类的需求范围，任何需求在任何时候都有可能存在。非暴力沟通培训者与来自世界各地、各个文化和各行各业的人们共用一个版本的需求列表，他们问道：“你是否需要这些才能更好地生活？”尽管会有细微的差别，但答案总是肯定的。

练习：思考人的需求

以下是人类需求的部分列表。注意你在阅读每个单词时的感受。哪些带来开放、喜悦或放松的感觉？有没有什么词会让人感到不安或焦虑？你生活中最重要的需求是什么？这在不同的角色中——在家里，在工作中，和朋友在一起——情况会有所不同吗？

人类需求列表

生存	欣赏	归属	理解
生理维持	注意	庆祝	意识
空气、食物、水	友谊	合作	明晰
庇护所	和谐	平等	发现
卫生、医药	亲密关系	包容性	学习
休息、睡眠	爱	互惠互利	懂得生活意义
运动	性表达	参与	活力
安全	支持	自我表达	挑战
一致性	温柔	分享	贡献
稳定性	热情	含义	创造力
秩序/结构	感动	自我感觉	实效
情感安全	感到重要	真实性	探索
信任	接受	能力	融入
自由	关心	自信	目的
自治	同情	创造力	超越
选择	考虑他人	尊严	美丽
冒险	同理心	成长	集体
幽默	善良	疗愈	信仰
喜悦	相互认可	诚实	希望
玩	尊重	正直	灵感
乐趣	被看到或听到	自我接纳	哀悼
情感	被理解	自我关怀	和平（内心）
自我实现	被信赖	自我联结	投入
		自我认知	社群

独立，自给自足和需求

我们很不愿意承认自己和他人的需求。我们可能会对“需求”这个词产生很多联想：软弱、依赖、自私、贫穷。我曾经问过一个人需要什么，对方只是淡淡地耸耸肩，为自己辩解：“我什么都不需要，我很好。”我也听到过从我自己嘴里说出来同样的话，当我努力保护自己免受情感的痛苦或想保持独立的形象时。

当我们遇到他人的需求时，我们可能要必须满足对方，这让我们很烦恼。这取决于我们的社交方式，我们可能会高度适应他人的需求，感觉被迫满足他们的需求（通常以牺牲自己的自主权、自由或幸福为代价），或者我们可能更关注自己的需要、感觉受到别人的请求的威胁（通常以牺牲我们的敏感性，人脉或亲密感为代价）。几乎我们所有人都表现出一些复杂的社会条件反应，这些反应因环境而异。不论一个人是哪种风格，这种文化训练往往都会让我们感到不真实、压抑或无力。

性别是发生这种社会化训练的一个巨大领域：我们的需求受到性别角色的具体化的限制。对我而言，这主要是因为当代西方关于男性自给自足（“我什么都不需要”）、精英社会（“只要努力工作就能成功”）和超级个人主义（“独自决定，靠自己去做”）的神话。这些故事在我很小的时候就影响了我的经历，塑造了我对人生的期望。

作为一个受到西方文化规范制约的人，我有时会犹豫，是否承认我对亲情、亲密和支持的需求。多年来，每当我需要帮助的时候，我总是感到不知所措。学校里那些不言而喻的默认假设，电视节目、电影和漫画书里的形象，都展现了一个独立英雄通过自己的力量战胜困难的理想。当事情变得困难的时候，我将自己的情绪牢牢地藏在心里，试图自己控制管理。我花了极大的耐心（以及爱我的人的无数提醒）才明白我们都会有需要支持的时候，而我实际上是可以寻求帮助的。

在某个时候，我意识到我自己不能做到所有的事情。对我来说，也许更重要的是，我为什么想要去做它们？我看到了一个独立的幻想，成为完美的男性英雄的幻想，把我与其他人分开来。同时，承认自己的局限并寻求帮助，可以把我和外界联系在一起。它让别人看到我，并且以有意义的方式给予我帮助。

对我生命中许多亲近的女性来说，她们在成长过程中得到的信息更多的是照顾（“生命的意义在于养育他人”）和自我牺牲（“奉献是至高无上的善”）。她们中的许多人被社会化，忽略或否定了自己个人的需求。她们被教导要相信她们自己的需求并不重要（对我的祖母辈而言，情况更是如此，她们受到的教育和机会更少，为了丈夫和家庭放弃了所有的个人生活）。女性朋友和同事们必须努力克服与应对这种社会状况制约。对她们而言，平衡自己与家庭是在满足她们对自主权的需求，尊重她们自己的真实经历以及相信她们有能力果断地行事。

基于我们的文化和社会角色，某些需求可以被看作是一种责任，而不是我们人性的自然表达，或者赋予我们生命活力的内在价值。我们了解到的许多关于我们需求的信念和故事，尽管根深蒂固，深入人心，但都不是真的。它们与我们人类生存的现实不符，它们是神话。完全的自给自足是不可能的，在扮演一个角色时，完全的自我牺牲是不健康的。

作为哺乳动物，我们生来在生理上就依赖于我们周围的人。在整个儿童期和青春期，我们的神经系统都是通过与成年人的关系纽带而形成的。我们是社会动物，几千年来，我们的精神、情感和心灵的安定都依赖于密切联系的社区的力量，更不用说赖以生存的环境了。我们每天都要依靠成千上万的人提供我们最基本的生活必需品，从衣食住行到电力和交通，比人类历史上任何时候都要多。金钱的使用掩盖了我们生活所依赖的庞大的相互联系的关系网，但同时也揭示了这个关系网的深度和广度。

同样，关于伟大的精英贤能社会的故事在美国——与自我满足和个人主义的神话错综复杂地联系在一起——无法解释根据肤色、阶级、性别、性取向、身体能力等在资源和机会获得上的不平衡，以及基于这些因素对我们成功的隐性偏见。

这些神话对我们个人、我们的家庭和我们的社会运作等的影响是毁灭性的。当我们发现自己在挣扎时，当我们感到沮丧或孤独时，我们该去哪里寻找答案呢？我们在不安与萎靡中，是否贬低了自己的核心需求，例如联系和归属感？我们是否认识到了现代文化的精神贫乏？我们是否想到了社区的瓦解，以及将幸福与消费和物质成功等同起来的信息的不断轰炸？还是我们责备自己，认为这是个人的失败。

承认我们作为人类的互联性，即我们与生命的其余部分是密不可分的，我们每一次呼吸、每一口水、每一口食物或爱都依赖于彼此和这个星球——我们挣扎着生存，认为自己是独立的。

学会意识和识别到我们更深层次的人类需求意味着要接受这一切。它包括对我们个人和社会所遭受的损失表示哀伤，也许还包括对我们的制度、文化和媒体使我们对人类需求的认识长期存在的广泛脱节感到愤怒。当我意识到自己是多么努力地驱使自己要“做所有的事情”，多年来从未质疑的信念是如何阻止我寻求支持时，我流下了眼泪。

这个过程关乎我们人性的恢复。我们相互依存，无论我们受到怎样的制约，我们自身的需求都是非常重要的。通常我们的人际关系给我们带来了最大的快乐和意义，也给我们带来了最大的痛苦和心碎。因此，治愈和发展方面经常要通过关系获得。在更大的范围内，我们看到，只有承认我们的共同需要并进行合作，才能解决我们这个时代的严重问题。

治愈我们的心灵，重新表达我们的需求，并共同努力创造一个更公正和公平的社会的过程，从我们识别需要的能力开始。我们可以用正念和理解的意愿去询问在任何情况下对我们最重要的事情。以下做法可以帮助我们构建这一核心能力。

练习：感知你的需求

想一想最近发生的不符合你需求的事情。记住，不要选择太难的东西，否则将很难学会这个技能。

确定你想要什么，一个具体的策略。发生了什么事，说了什么话，做了什么事，会使你满意？

问：为什么这很重要？那跟你有什么关系？或者，如果你有这个，你将会拥有什么？这是一种调查你的需求的方法。不要想太多，也不要试图用认知的方式去理解弄清它，倾听自己的内心就好。

不管回答是什么，再问一个问题，直到你找到一个感觉像是核心价值或需求的东西。当你意识到什么对你最重要的时候，会感到内心的平静和清明。

将你的注意力转移到这个需求本身，作为一个具有独立人格的人。你知道这是一件重要的事，是你不仅想要为自己，而且想要为所有人做的事吗？你能欣赏这种需求的美丽和尊严吗？你能感觉到它的内在价值吗？

你可能会发现，自己很容易就确定了需要什么，或者感觉事情可能会不透明。培养这项技能需要时间，对出现的不同想法和感受要有耐心。重要的是询问的本身，我们要学习如何在好奇心和关怀下倾听了解才是最重要的。

当我们意识到这些根本层次的需求时，一些东西就会在内部发生变化。我们在生活中更直接地接触到一种驱动力，对我们身体的感觉产生影响。当我们确定一个核心价值或需求时，身体可能会体验到一种安顿、踏实或清晰的感觉，会产生一种开放的空间感、一种内在的协调感或者一种能量和活力。

达到这一水平的一部分诀窍是，要学会从积极而非消极的方面意识到我们的需求。它们是关于我们想要什么，而不是不想要什么。为了熟练掌握这一技能，我们必须克服消极偏见，即我们寻找威胁、关注无法解决的问题的倾向。为了改变我们的生活、我们的人际关系、我们的社会，我们需要想象和发现新的可能性。所以，甘地谈到了“建设性计划”；马丁·路德·金设想了所谓的“至爱社区”。

训练我们的注意力以识别需求（我们自己和他人的需求）涉及开发几种不同的能力。首先，正如我们已经开始探索的那样，我们扩展了关于需求的词汇量。我们对这些表达需求的简洁词汇越熟悉，在生活中就越容易注意到它们。其次，我们训练自己的注意力通过“需求的镜头”来看待生活，从所有行为都是为了满足需求的角度来观察。我们一次又一次地练习把我们的视角从策略转移到需求，直到它变得就像我们把注意力从手转移到脚一样简单。

我们越能区分我们的策略和需求，就越有更多的选择。在以色列进行的一场非暴力沟通培训之后，一位参与者报告了自己的一个戏剧性转变。他伸手到车里拿了支烟，刚刚学习了所有的行为都是为了满足需求，于是便停下来仔细考虑他的选择。

“如果这是真的，那么这一刻我实际上需要的到底是什么呢？”他想放松一下，把注意力从事情上转移开。在那一刻，他清楚地看到了满足这些需求有许多选择，而这些选择可以不损害自己的健康。于是从那天起他开始戒烟。

一位女士与她成年的女儿分享了对需求的新理解——如何改变一个困难局面的经历。女儿回家过节，几乎没有钱买礼物，而自己也急需一些东西，于是女儿感到羞愧和不安——想到要得到比她所能给予父母的更多的东西，她就无法控制这些情绪。等双方聊起来的时候，女儿意识到了父母如果能帮忙，他们会有多么高兴。她看到了自己对自尊和自主的需求与父母想要帮忙的渴望并没有相互排斥，羞耻感也就消失了，坦然地给予和接受。

原则

当我们能区分策略和需求，我们的选择就越多、越清晰。

我们总是有选择的，即使外部的选择有限，我们也可以选择内心如何应对生活的方式。我们告诉自己“必须做”的事情是满足我们需求的选择。我们可能会继续从事自己讨厌的工作，因为我们看重的是有地方可以居住，或者有孩子需要养活。我们选择不喜欢的策略，因为它可以满足我们更深刻的需求。意识到我们的需求可以带来新的能量和活力，或者可能促使我们重新评估我们的行动并做出不同的选择。

练习：透过需求的镜头看待生活

为了让自己熟悉这种专注的方式，我们花一小时，一天，甚至更多的时间来练习通过人类需求的镜头观察自己和他人。当你的一天开始的时候，考虑一下：你想要通过你的选择来满足哪些需求？当你观察别人的时候，考虑一下：对这个人来说什么最重要？什么可以激励他？有人上了公交车，打电话时情绪激动，他想要满足什么需求？

把这个问题扩展到你无意中听到的对话、同事间的聊天、新闻中……在每个陈述背后，重要的关键点是什么？这个人可能需要什么？什么时候最容易确定可能的需求？什么时候更具挑战性？注意以这种方式关注自己和他人的体验的效果。

当我们开始从需求的角度看待生活时，就可能会发生一些意想不到的事情。我们可能会开始看到我们的共同点如何超过我们的分歧。看到需求是通往同情的大门，我们可以理解我们所讲述的关于责备和评判的故事，以及来自他人的愤怒和防御性的话语，这些都是对未被满足的需求的表达。即使是极端的暴力行为，也可以被视为是为了达到更深层次的需求——自治、自由、同理心——不论这种策略多么困惑或扭曲。正如卢森堡博士经常说的那样：“所有的暴力都是需求得不到满足的悲剧性表现。”

对需求的认识是具有变革性的。将我们未满足的需求表达为

（自我或他人的）责备和评判的内在机制，基于我们对外界的一种条件反射。知道有哪些需求在发挥作用，我们就进入了一个更广阔的意识领域，在这里新的理解和创造形式成为可能。如果我评论某人“自私自利”，可以停下来问问自己需要什么。我可能会意识到，需要别人的体谅或更多的支持，而不是把自己不满的情绪向外发泄，归咎于别人。

脆弱的力量

讨论我们的需求时容易感到脆弱或尴尬，这是很常见的。我们可以扩大真实可靠性的能力，同时可以认识到，讨论我们所有需求的条件并不存在于每一段关系。我们可以关心我们分享的东西，与谁分享，何时分享。例如，当我们感觉到某人缺乏满足我们的同理心需求的能力时，就可能会寻求其他人的同理心。

有一些方法可以培养我们对何时应该示弱的能力。首先，建立信任和相互尊重的密切关系至关重要，在这种关系中我们能感到足够的安全感，可以探索需求。在一个经常不承认人类需求的世界里，即使是有一个这样的联结也是无价的。对我来说，在我二十岁出头的时候遇到几个人，他们可以看到我的痛苦，并给予我同情，这对我来说是极大的慰藉。它在我的内心创造了足够的空间，让我打破孤立隔绝的循环，开始向他人敞开心扉。

第二，我们可以根据情况熟练地调整支持理解和协作的脆弱度级别。埃文曾在一家缺乏赞赏文化的医院工作过一段时间。她每天努力工作好几个小时，在人手不足和工作假期时填补空缺。但由于她的贡献没有被人看到，这引起了她对自己能力不足的恐惧和对自身价值的不信任。在家里，我们可以讨论她想要被人看到并知道她的重要性的渴望。在工作中，埃文又选择了不那么脆弱。她对这种情况的描述是，认识到每个人的贡献是增强动力和团队合作的一种方式。她没有讨论自己更深层次的心理需求，而是以一种她的经理更有可能听到的方式，表达了部门的共同价值观，即贡献、意义和团队合作精神。

第三，我们可以把我们的关系转变成脆弱本身的经历，把它作为力量的源泉而不是一种负担，给予尊重。感受我们的脆弱就是与现实接触，当我们摆脱了不安，就会感到清醒和尊严。这是一份了不起的礼物，能够打开一个人的心，让他顺利地说出真相。

在我出生之前，父亲参加过两次战争，第二次战争中他失去了他的弟弟。在后来的生活中，这些事件带来的创伤和离婚的痛苦折磨着他。他变得肥胖，久坐不动，情绪低落沮丧。我的母亲、兄弟和我，都尽我们最大的努力向他提供支持、同情、鼓励、节食计划——凡是你能想到的。但不论采取何种干预措施，他总是会重新陷入同样的习惯。

别无选择的情况下，我尝试了另一种不同的方法。有一次回家，我们像往常一样坐在餐桌旁。我发自内心，非常恳切地与他谈话，完完全全地分享了我的感情的脆弱：“爸爸，你知道我有多爱你。我想要你在这里，在我的生命里待很长很长一段时间。当我看到你的生活方式时，我感到非常害怕。我很生气，又担心，又无助。我希望你能更好地照顾自己，我已经尽我所能来帮助你，但都没有成功。我不知道还能做什么，所以我想把这些告诉你。你听到这一切会是什么感觉呢？”

父亲看着我，握住我的手。他说他明白，他不知道该说什么，然后我俩都流下了眼泪。我的话并没有治愈他的抑郁和肥胖，但却让我们走得更近，更加亲密了。我内心的愤怒和痛苦开始消散。直到今天，我们都一直保持着温暖和相亲相爱的关系。

当一个人真诚地说话时，脆弱中其实蕴含着巨大的力量。

需求之美

随着时间的流逝，我们与需求的关系逐渐成熟。一开始的时候，我们经常以个人的方式来考虑它们，需求属于某人（我或你），我们根据它们满足的程度对其进行衡量与评估。个人的进化促使我们的一部分大脑不断进行评估：我的需求得到满足了吗？满足了多少？在这种模式下，我们的幸福感主要取决于需求的满足。

这种方法限制了我们引导对话的能力，也限制了我们的内心世界。它让我们狭隘地只关注于自己，让我们时刻处于心血来潮、突发奇想的情况中。无论我们的沟通技巧如何，生活中的很多事情都是我们无法控制的。有时我们的需求得到了满足，有时不能。内心的自由并非来自能够控制结果，它来自了解我们的价值观，开发内心的资源来平衡生活，然后放手。

这个成熟的过程始于培养与未被满足的需求和平相处的能力。当生活没有给我们所渴望的东西时，我们就学会了悲伤。我们感受到失落的痛苦，或大或小，带着些许温柔。这可能包括治愈某些与长期未被满足的需求相关的核心创伤，它通常从我们的童年开始。当一种需求多年未得到满足时，我们可能会对它产生一种绝望的情绪，并不顾一切地渴求。人被困在沙漠中，就会执着地迷恋水。一出现一点水汽的迹象，就会紧紧抓住不放过这一线生机！即使到达了绿洲，我们也可能不会相信有足够的水源。我渴求爱情和亲情，但当我以令人窒息的强度紧紧抓住一个又一个的伴侣时，却经历了许多浪漫关系的破裂。

转向内心打开了一扇通往新视野的大门，我们有意识地去体验未被满足的需求，这种意愿是具有变革性的。在对痛苦产生同理心和同情之后，我们可以学会开阔自己的视野。无论什么样的条件，我们却可以将注意力转移到需求本身，而不是关注需求的满足。

需求既具有个人特性，又具有普遍性。需求是个人化的，因为我们亲密地感受并直接体验它们的满足或缺乏的结果。需求又是普遍的，因为每个人都有共同的需求。它们参与构成了人类的本质意义。

每一种需求都是我们内心的一种价值，不管它是否得到满足。当我们以这种方式接触内心生活时，一种需求的满足远没有我们把它作为一种价值的认识和欣赏那么明显。每一种需要，就其存在本身而言，都包含着一种美，一种圆满，就是我们人性的一个方面。在战争时期，人们对和平的需求尤其强烈；在暴力压迫中，人们会深切地感受到对公正和爱的渴望。

这是一种高级的意识，但是当我们触及这个更普遍的需求维度时，我们会得到巨大的自由。无论我们的需求是否得到满足，我们仍然可以“遇见”它们，我们可以面对面与它们打招呼。当我直接遇见对和平的需求，把和平作为我人性中最古老的一部分来体验时，我能感觉到它就是我追求的一种价值，而且在没有达到预期结果的情况下积极倡导和平也不会感到精疲力竭，因为我的行动来自内心的正直完整和内在统一，不是对结果的执着。

问题不在于我们是否有需求，需求是我们存在的一个事实，在于我们如何将它们联系起来。当我们唯一的目的是满足个人的需要（“我的需求”或“你的需求”得到满足）时，我们倾向于用一种贪婪的品质来对待它们。根据我们的条件，我们可能会忽略他人的实际需求，或者会抹去我们自己的重要性。我们可能会把主要目标缩小到满足某些需求，而忽略其他需求，这往往就会导致冲突和紧张。当我们开阔视野，以一种更普遍的观点来欣赏需求本身时，我们就可以始终致力于满足我们自己和他人的需求而不受结果的限制。放手并不意味着我们放弃自己的价值观，停止关怀或停止为变革而努力。这意味着我们认识到，努力的结果并不完全掌握在自己手中，因为在很多方面，我们是无法控制环境的。

我们可以探索发展这种高级的意识与更多的外围需求。举个例子，如果你的同事因为太忙而没时间欣赏你的演讲，你内心能否接受，是否知道自己其实不需要这些肯定，可以在不需要被满足的情况下体会到自己的价值？试试下面的方法，将你的注意力从个人需求转移到普遍需求，从满足需求到体验它的内在价值和美感。

练习：放手去满足你的需求

想一下最近几周没有满足需求的情况。在这个练习中，为了学习在个人和普遍需求之间转移注意力的技巧，你需要选择一些难度不太高的事情。如果你选择的太难（比如“沙漠中的水”），情感上的痛苦可能会阻碍你的学习。

确定这种情况下的关键需求。询问：“这跟我有什么关系？ 我想要什么？”聆听内心，然后再次发问：“如果我有了这个，那我还会拥有什么？” 不断询问，直到你对自己所渴望的需求或价值有了清醒、明确的认识。

把你的注意力放在这个需求的个人方面：它没有被满足的事实。你可以默默地对自己说：“我对……的需求没有得到满足。”注意，把这种需求当作一种缺乏，一种个人的、未被满足的东西来体验是什么感觉。

接下来，把事情的环境、各种情况放在一边，看看你是否可以将注意力转移到需求本身上。把注意力集中在这种作为人类普遍方面的需求的内在价值上。你可以默默地对自己说："我非常重视……"或"正如我渴望……一样，所有人都需要……" 你能感觉到这种需要的美好和尊严吗？不管是否满足，你能体验到它的圆满吗？

如果你无法感觉到需求的普遍性，那么试着回忆（或想象）一次需求得到满足的时刻。记住当需要被满足时的感觉，然后试着把你的注意力转移到这个需求的普遍方面，作为你想要为所有人做的事情。

对话中的需求

认清我们自己的需求，并与之发展一种平衡的关系，这是我们能够表达自己并有效参与对话的基础。当我们明白什么是最重要的，就能缓解紧张，培养同理心，支持合作。我们越了解自己的需求，越相信自己有能力满足它们，就有越多的空间去倾听别人。与此同时，确定他人的需求可以让我们在分歧之间建立起真诚的联系。我们能获得一种能力，能够感知与我们自己截然不同的立场背后的深层价值。表面上似乎不可理解的观点变成了我们共有的，人性的表达。

冲突发生在我们的策略层面上，理解危机的根源可以将我们带出基于策略的冲突框架，即二择其一，要么赢要么输的两极分化，拥有更多的空间利用我们的想象力和创造力进行思考。

在最近的一次交流活动中，克里斯汀讲述了在她生活里反复出现的场景：她的母亲当着孙子的面纠正她这个女儿的育儿方式，打着手势并发表意见。这让克里斯汀感到愤怒和受伤，这些对话每次都演变成关于谁对谁错的尖叫比赛。

在探究她的需求时，我们发现她想要得到作为母亲的尊重和支持，她也想让她的儿子和祖母建立关系。考虑她母亲的行为，我们推测她是想帮助外孙学习和成长。这些需求揭示了进行对话的新可能性，所以与其争论她们各自的信念，她还不如和母亲讨论育儿策略，并就什么是不可协商的以及她愿意在哪里妥协达成一致意见。

在交谈中关注需求依赖于我们已经看到的，非常简单的原则：我们对彼此的了解越多，就越容易找到解决方案。当讨论任何问题时，记住这个原则是很有帮助的。我们的目标是把所有的需求都摊开放到桌面上来，然后一起从各个角度共同研究。

原则

我们彼此了解得越多，就越容易找到对每个人都有效的解决方案。因此，在解决问题之前，要建立尽可能多的相互理解。

这种相互理解能够改变我们在对话中的立场。当我们了解彼此的内心世界时，我们的优先事项往往会重新安排。与需求的

普遍特性相联系，对“我的需求”或“你的需求”的认同感会软化，就会从不同的角度来体验这种情况。所有存在的需求都是重要的，不管它们碰巧出现在哪个人的身上。除却这种更深层次的联系，我们对同情心的需求可能上升到表面，并为不同的结果创造空间。

有一年感恩节，劳拉觉得自己不堪重负，被激怒了——除了做饭和主持晚餐外，她的丈夫还主动要求她在假期的前一天晚上和感恩节晚上照顾他年迈的祖母。在与丈夫讨论情况时，劳拉了解到丈夫一直在努力寻找一种让每个人都开心的方法，于是她对“分担”给她的这个额外责任感到非常冒火。而让一个男人在晚上照顾他的祖母又会让她觉得很不舒服，丈夫想不出另一种让家人团聚的方法。看到丈夫内心的矛盾，劳拉的愤怒转移了，他们就未来如何合作以及如何分担假期的责任达成了一些协议。

之所以有可能取得这一结果，是因为劳拉对对话的态度发生了根本性的转变，从习惯性的冲突策略转变为理解的意图。在和我一起做了一些训练之后，劳拉掌握了检查她的假设和控制她责备冲动的办法，取而代之的是带着好奇心来进行对话。这种转变的关键在于重视所有的需求，让对方知道我们有兴趣找到一个对双方都有用的解决方案。当对方相信我们真的有兴趣了解他们想要什么时（而不只是按照我们自己的方式），我们就可以开始合作了。这种从对立向合作研究问题的转变是令人愉悦的。

原则

冲突通常发生在我们的策略层面——我们想要什么。我们越能深刻地认识到我们的需求——为什么我们想要我们想要的——冲突就越少。

我的另一个学生诺加喜欢在早上冥想，但她的室友习惯早起，这样就会影响她。诺加陷入了困境，她坚持自己对安静的需要，因此与室友几乎没有对话的余地。这个问题不解决，她就只能被室友的日程牵着鼻子走。当她意识到她真正重视两人的需求时，她的态度发生了转变。她想要安静一点并尊重自己的空间，但她也希望室友能够轻松地做好上班的准备，不会感到焦虑或在家里蹑手蹑脚。她知道自己想要找到一个满足双方需求的解决方案，于是以开放和好奇的方式进行对话就变得容易多了。

做出这一转变取决于我们识别他人需求的能力。在下一个练习中，我们将把注意力集中在对他人最重要的事情上，从而完善我们已经学会的同理心练习。

练习：倾听需求

这一实践包含三个部分，它们可以增强我们识别他人需求的能力，可以在与朋友进行的低风险对话中尝试一下。

让自己投入并有理解的意愿，找到一些真正的好奇心和关心所在。

当你倾听时，把你的注意力集中在他们可能需要的东西上。你可能会默默地问自己：“对于他们来说，最重要的是什么？”

有时，在你做出回应之前，可以练习通过反思来完成一个交流的周期，以自然的方式询问：“这对你来说重要吗？”

请记住，这个问题的目的是确认你是否已经理解，而不是分析对方的感受。

注意以这种方式聆听的感觉，确认你是否理解？这会带来更多的联系吗？如果你的猜测不是完全正确，会发生什么？

首先，将注意力集中在需求上，一开始我们可能会感到很尴尬。有时最简单的方法是全心全意地听，然后在对方说完后再考虑什么是最重要的。

许多人发现，当他们以这种方式倾听时，自己与他人之间的联系感觉会更加紧密。提供同理心的共情反思可以产生明显可见的解脱。当我们意识到自己的需求时，身体也会发生类似的变化，另一个人可能会自发地呼气、叹息或给予口头肯定——“完全正确！”

与此同时，猜测什么是重要的并不在于必须正确。这不是性能测试，是关于我们真正意愿的理解。如果我们没有正确理解，对方就会澄清。即使我们的猜测不准确，它也可能会带来更多的理解，甚至可能揭示说话者没有察觉到的新层次的含义。

同理心倾听是我们在任何情况下都能提供的礼物。它可以提高任何关系的质量，在友谊、家庭和亲密关系中创造更多的信任和亲密。当事情变得紧张时，这也是必不可少的。记住，在冲突中倾听对方的需求，就像打开了一扇通往他人世界的窗户。当我们看到对方的人性时，对方的负面形象就开始瓦解。

“哦，他们想要……尊重、支持、放松……就像我一样。”

当我们意识到别人的需要时，我们的心就会打开。当我们凭直觉知道什么对别人重要时，内心的某些东西就会软化。这是非常重要的一点。如果我们不能从对方身上发现他想要的东西，那么我们就无法在需求层次上建立联系。如果你不能站在它后面说，“是的，我想要让他们有这个”，那这就不是必要的。需求是普遍的，它们将我们联系起来。从定义上来说，它们是我们希望每个人都想要拥有的东西，是我们内心深处都会对它们说“是”的东西。

真实性和需求

随着我们对需求意识的增强，我们学会了去寻找一种真实的方式来讨论人类经验的这一方面。在谈话中用积极的、口语化的方式陈述需求可以使双方更容易建立联系，彼此倾听。考虑下面图表中的例子，读这些陈述，你觉得有什么不同？

消极需求	积极需求
我无法忍受东西脏乱一团糟	我喜欢东西干净整洁
我不想被困在我们的关系中	我希望我们的关系具有空间感和灵活性
我不想被控制或被指挥要做什么	拥有一些自主权和自由对我来说很重要
我不想再生病或感到疲惫了	我渴望身体健康

请注意，负面的表达方式通常会暗示一种责备的感觉，这可能会阻碍别人听到自己的想法。这些例子也更加口语化，没有使用“需要”这个词。下面是关于如何用口语表达需求的另外一些技巧。在尝试使用这些工具时，试着找到你自己谈论需求和价值的方式。

去掉“需要”这个词

由于我们的文化环境，“需要”这个词可能没用。

相反，可以尝试更多的自然短语。

示例：与其说“你需要更多的尊重吗？”你还可以说：“听起来你是真的很重视尊重吧？”或者“你其实想要更多的尊重，对吗？”

其他短语：“我/你喜欢……重视……真的很喜欢……仰仗……靠着……”“××对我/你很关键……对我/你很重要……对我/你来说很有趣……对我/你有意义……”

用短语来描述需求

表达有助于训练我们的注意力，让我们抓住问题的核心。要了解上下文并使其更加具体，需要用一个短语来描述需求。

示例：与其说："听起来像你需要更多的秩序？" 你还可以说："你真的很喜欢知道一切事物各得其所，各就其位，对吗？"

用积极的方式陈述需求

需求是关于我们想要什么，而不是我们不想要什么。以积极正面的态度陈述需求可以为我们赋能，增强我们的信心，并能推动我们提出创造性的解决方案。

示例：与其说："我听到了你有多么不喜欢接收含混不清的信息，是吗？"不如试着这样说："我觉得你非常想要清楚和直接的表达，因为你愿意从字面上理解别人说的话。对吗？"

询问，不要告诉

很少有人喜欢被别人告诉他们自己的感受，这听起来有点居高临下。当你在听重要的事情时，请把自己的想法以问题的形式提出来——检查确认你是否理解了——而不是告诉对方他们说了什么。

示例：与其说："你想在工作中更投入。"不如问"你想让自己在工作中更投入吗？"或者在反思之后接着问："这样对吗?"

随着时间的推移，你将学会以更自然、更自在的方式谈论需求。基础是要学会把你的注意力集中在对自己或他人最重要的需求和价值观上。

卢森堡教导我们，随着我们技能和意识的提高，我们可以学会从每一句话中听到“请”或“谢谢”。在某种程度上，我们可以将任何交流的本质归结为以下两种信息之一：“请满足我的需要”或“谢谢，您满足了我的需要”。我们不是一直在讨论这其中之一吗？

当我们以这种方式彼此倾听时，内心会产生两种深刻的情感回应。“请”引起同情，“谢谢”引起感谢。在这些时刻，我们体验到我们的需求是相互之间关系的基本表达。我们的生活与彼此有关，当然并不是没有孑然一人、自生自灭的情况。需求指出了我们彼此之间，与环境和生活之间的相互联系。

总结

当我们能区分策略和需求，我们的的选择就越多、越清晰。

我们彼此了解得越多，就越容易找到对每个人都有效的解决方案。因此，在解决问题之前，要尽可能多地相互理解。

冲突通常发生在我们的策略层面——我们想要什么。我们越能深刻地认识到我们的需求——为什么我们想要我们想要的——冲突就越少。

关键点

需求是我们想获得自己需要的东西的根本原因，当我们确定需求时，我们可以：

相互联结：我们都有相同的需求，尽管我们对它们的感受程度不同，也有着不同的策略来满足它们。

选择：意识到我们的需求可以带来新的能量和活力，可能会促使我们重新评估自己的行为，做出不同的选择。

转变责备和评判的模式：知道了哪些需求在起作用，我们就可以转移到一个更广阔的意识领域，在那里可能会出现新的理解和创造形式。

协作：共同努力，找到可以满足尽可能多需求的创造性的解决方案。

训练我们的注意力以识别需求（我们自己和他人的需求），包括：

扩大我们的词汇量。

训练我们的注意力，以便通过“需求的镜头”来看待生活。

建立信任和相互尊重的紧密关系，在这种关系中，我们可以获得足够的安全感来探索需求。

根据具体情况调整理解的程度，学会与未被满足的需求和平相处。

培养将我们的注意力从个人需求转向普遍需求的能力，从狭隘地关注满足自己的需求，转向对人类需求之美的更广泛的欣赏理解。

问&答

问：当我试图弄清楚自己需要什么时，我迷失了方向，责怪他人，感到心烦意乱，计划着该说些什么。你对此有什么建议吗？

答：我们在各种条件的制约下成长了数十年，如果我们在情绪上被激活，这些从小学习到的模式的力量会更强。给自己一点时间，基础的正念练习可以稳定我们的注意力。

当你学会了注意感受和进行观察的相关技能，你就会有更多的工具来厘清事物的关系。非暴力沟通的基本形式——观察、感受、需求、要求提供了一种与我们的内部经验相联系的路线图。你练习这些步骤越多，在现实中就越容易做到。

把所有这些根植在你的身体里也是非常重要的。需求有一个概念性的组成部分，但它们也能在我们的身体中被感知到，就像我们的直觉一样，所以要保持倾听我们的内心。

最后，获得他人帮助的重要性，我再怎么强调也不为过。我们学会了在关系中思考和说话，而这些模式会在关系中得到最好的转变。

问：你谈了很多关于合作来满足所有的需求的情况，但是当需求发生冲突时怎么办？或者，如果无法满足所有的需求呢？

答：审视一下，到底是需求本身还是满足需求的策略存在冲突，通常会是后者。当我们的需求发生冲突时——比如，一方想要亲密和联结，另一方想要空间和自主权。那么我们就会努力加深相互的理解。彼此之间真正全面的理解可以带来转变，任何一方（或双方）都可能发生改变，因为在这种深度的理解中，一个人对同情和帮助的需求可能会超过最初对空间或联结的需求。

在某些情况下，谁都不可能满足对方提出来的所有需求。我们仍然可以在对彼此需求的重视中找到团结和归属感，共同努力，尽可能多地满足彼此的需求。当我们无法创造性思考，找到一个能满足更多需求的策略时，可以一起叹息难过。在没有找到一个合适的解决方案的这个过程中，可能会有一种联结和关怀的感觉。

问：关于放弃需求，你能多谈一些吗？我觉得自己在这里遇到了困难。

答：放弃需求并不意味着否定、拒绝或以某种方式摆脱需求。它意味着将我们的需求关系从一种收缩和要求转变为接受和开放。

第一步很简单，就是要知道你的需求是什么。然后开始检查你与特定需求的关系，你内心是否放不开，需要以某种方式被满足？你要推开它还是拒绝它？或者围绕这个需求，你是否有一种空间感？放弃需求意味着我们接受我们目前的处境，如果它们不被满足，我们也不会受到伤害。我们可能会感到悲伤或失望，但有足够的韧性来应对，内心有空间去感受那些情感，去哀叹我们自己。

这种转变发生得很慢，它来自我们产生紧张与不适时，试图找到内心的平衡。如果我们在这里被困住了，那就从这里开始。被绝望攫住的感觉很可怕，如果我们能在这段经历中轻轻呼吸，找到平静和缓解的方法，它就会开始释放和软化。同样，在很多领域中，获得他人的支持对我们是有帮助的（有时是必要的）。一起集思广益，寻找其他方法来满足这些需求，并从狭隘的、紧抓不放的空间中解脱。

第八章
情绪敏捷度

感受情绪使生活丰富多彩。

——丹尼尔·戈尔曼（哈佛大学心理学博士）

人的生活是由不断变化的情绪编织而成的一幅挂毯。

具有明智地处理这种情绪流动的能力是我们最重要的技能之一。当我们理解了这一点之后，情绪可以为我们提供有关我们自己和他人需求的有价值的信息、有关我们环境的关键信息以及作为引导对话的有力指南。我们的情绪是我们的思想和身体通过一种古老的方式，向我们发送关于自身与世界的关系的即时的、可触摸的信息。

我们如何处理自己和他人的情绪——可以建立或破坏一种关系。强烈的情感会促使我们说或做一些事。如果我们后悔了，这种糟糕的情绪就会阻止我们讲真话或分享渴望的事物。甚至我们的惯用语也反映出情绪必然驱动我们的行为：我们变得“盲目愤怒”“被”“住”“膝盖无力”“弯曲变形”。

我们处理情绪的方式以及我们自己的和别人的情绪可以决定一段关系的成败。强烈的情感会迫使我们说出或做出一些让我们后悔的事；强烈的情绪会抑制我们说真话的决定或拒绝与别人分享我们渴望得到的东西；甚至我们的日常用语也反映出情绪对我们行为的影响：我们“发怒而失去理智”“哽咽”“吓得两腿发软”“大发雷霆”。

在一天中，我们经历了多少种情绪的流动？尽管我们无法选择自己的感受，但我们可以选择如何处理自己的情绪。在本章中，我们将探讨情绪的问题：情绪来自何处、它们在对话中的作用、如何培养情绪的敏捷度。这样，当过多的情绪涌上来时我们也不会被击溃。

心灵的一课

在我30多岁的时候，我觉得工作和生活并没有让我感到满意，因此我很幸运地走出了我的日常生活，更加专注于我的精神实践。我去了寺院，几个月后，我决定接受临时任职，成为一名居士，这是佛教的僧侣修行的第一步。

当我告诉母亲我的决定时，事情进展得并不顺利。一想到儿子剃光头、穿白袍“出家”，我的犹太人母亲就接受不了。在我一生中最重要的时刻之一，她很震惊，充满了愤怒和悲伤。

我俩都深感伤痛。在她看来，我似乎拒绝了她所相信的一切，她让我珍视，道德行为可以使世界变得更美好。对我来说，她的拒绝正中要害。我非常想让她看到我的选择背后的真实意愿。我尽力去听她说话，但我们之间的痛苦实在难以承受。她完全退缩了，几乎整整一年都拒绝和我说话。

我努力了两年半，在此期间，我有足够的时间来思考我们之间的关系：哭泣、原谅和疗伤。我和母亲最终和解了，能够谈论彼此的观点和感受。随着时间的流逝，她看到了我的佛教训练如何使我帮助世界上的其他人。最后，我们也走得更近了，关系更加密切。这个过程唤起了我们双方的强大品质：勇气、诚实的脆弱、耐心和谦逊。

中间道路

情感是丰富而复杂的现象，它们发生在我们的身体中，通常包括精神或心理成分。就像我们将看到的那样，区分情感的感受与我们解释思想的能力是熟练地处理和表达情感的关键。为了达到我们的目的（与卢森堡的非暴力沟通语言保持一致），我将互换使用情绪和情感这两个术语。

情绪是身体中多方面的情感体验。

如何让我们的情绪一直处在一个合理的范围内是关键的问题。在一种极端的情况下，潮水涌入，把我们淹没。我们被裹挟，冲昏了头脑，说话冲动。在一阵愤怒、恐惧或痛苦中，我们会发现自己在猛烈地攻击外界，伤害我们所爱的人。正如佛陀曾经说过的那样，我们可能会受到“言语匕首”的伤害。

不假思索地表达我们的情绪的代价可能会非常高，令我们难以承受。几秒钟就能说完的话造成的后果，可能需要几周、几个月甚至几年的时间来修复，甚至有时我们从不去修补裂痕。即便不那么激烈的情绪也会影响对话，降低我们选择回应方式的能力，或者让我们更难听到对方的声音。这就是情绪的反应性表达。

看到这一切，我们可能会转向另一个极端——抑制情绪。我们担心情绪会压垮自己，破坏对外的关系或使对话复杂化，于是我们会试图忽视或回避它们，假装它们没有发生或试图绕过。我们会把事情憋在心里，直到自己崩溃，或者让情绪无限期地压抑下去。然而，尽管我们付出了努力，情绪还是会渗透到谈话中，而且通常以一种无效的方式表现出来。这是习惯性压制情绪。

不被承认的情绪会让你很难听到别人说话，导致困惑或不信任。我们的肢体语言、面部表情和语气掩盖了更深层次的感情。情绪表现在我们的措辞上，使我们迅速反驳，或者表现在我们的沉默上，我们不再说话。我们可以创造一个关于他人的完整故事、他们的动机或观点，所有这些都是为了试图理解隐藏在表面之下的情感。

从佛教教义中得到启发，我穿过这片黑暗地带的途径是反应性表达与习惯性压制之间的道路。培养情绪敏捷度涉及三种能力：识别情绪；寻找与我们对情绪的内在经验的平衡；不带责备和评判地公开表达情绪。正念的工具和非暴力沟通的框架可以帮助我们处理强烈的情绪，更好地理解它们，通过引导，将其强大的能量用于完成更有用的目的。

情绪的谬见

在探索这一领域的过程中，研究一下我们与情绪相关的一切会很有帮助。

我们每个人都获得了一种情绪上的继承。无论我们出生在哪里，都会从家庭、文化、宗教和社会中继承几代人的思想、信仰和行为。在社会化的过程中，我们被一次又一次地灌输某些特定的信息，它们是关于我们被允许感受和表达的，基于我们的社会位置方面的情绪，比如我们的性别、年龄、阶级或种族。

理解西方人情绪的基本模板始于2000多年前。自从希腊哲学家和早期诺斯替教派以来，西方哲学和宗教的某些方面已经假定了理性和情绪之间的分裂。内心的“激情”被认为是非理性和“低劣的”。它们驱使我们做有害的事情，威胁社会秩序的结构，因此必须被理性制服、驯服和控制。今天，人们常常把情绪和懦弱、女性化、软弱以及危险、操纵、微妙的胁迫联系在一起。

这种二分法为我在公共教育中接触到的大多数思想奠定了基础。学校是我们学习推理的地方，情绪通常是不受欢迎的，很少被讨论，更不用说整合了。小时候，你的老师多久才会问一次你的感受?

我是在新泽西州郊区长大的犹太人。在家里，我学到了表达各种各样的情绪是很自然的。在学校里，我却被灌输什么是社会所接受的，什么是不为社会所接受的。我因为提高嗓门和骂人而被赶出教室；我明白了表达愤怒是有风险的；我因为哭被老师批评，被其他男孩嘲笑，于是懂得了在公共场合哭是不安全的道理，尤其是在其他男人周围。

尽管我们每个人都会根据自己的社会文化位置收到不同的信息，但几乎所有人在孩童时期都吸收了基于我们所感知到的性别情绪的社会规则：“不要哭！”“成熟一点，像个男人那样。”“大女孩不要哭。”

我们已经过系统的训练，可以避免和抑制我们的情绪。这些规则不仅仅是理论，它们对我们每个人的影响，我们每天都可以通过生命力的减弱而感受到：在现代社会中普遍存在的羞耻、抑郁和焦虑以及我们无法处理的人际关系中的情绪。

尽管有这些经历，我还是能够把重要的感觉内在化。我的母亲通过日常努力培养的我的敏感性和情商，为我在日后能产生非暴力沟通的思维打下了重要的基础。一个敏感男人的孤独感成了我理解和改变从社会上继承下来的情感角色的重要动机。

练习：寻找谬见

与我们的情绪建立明智的关系，其中重要的一部分就是要意识到我们所持有的观念。花一些时间思考一下你对感受的看法。你从你的家庭、文化、宗教或社会中得到了什么信息？你今天通过媒体或社区收到了什么信息？哪些是显性的（“不要哭”），哪些是隐性的（通过示例或行为）？

列出你注意到的观点和信念，是否有某些情绪比其他情绪更容易被接受？在一天的生活中，请注意你对自己的情绪的感受或对他人表达情绪的恐惧。

重新获得我们感觉的权利

文化、历史和宗教的谬见使我们相信，我们的情感是有缺陷的，它们是可以被忽视、克服或解释的异常事件。然而，我们内心深处还有一些东西——每个人都继承了一份比我们的家庭、文化或社会所赋予的更古老、更伟大、更强大的遗产。

我们的情绪是人类生物学重要的研究对象，它们就像我们身体的免疫系统一样，是我们生活中必不可少的一部分。我们的感觉属于非理性范畴是有原因的。如果人类有情感，有些事就会很重要。情绪是从身体到头脑传递我们需求信号的主要方式。当需求得到满足时，我们就会感到愉悦；当我们的需求得不到满足时，不愉快的情绪就产生了。

我们的感受构成了自己独特的经验形式和信息系统。任何情绪都不会比我们家里的烟雾探测器更成“问题”。当烟雾警报器响起时，我们会理解该信号并开始寻找它的来源。同样，我们可以学习体验和理解我们的情感，将之作为对生活的反馈信号。这些信号告诉我们什么？我们可以将它们看作是信息，而不是将它们视为采取行动的必要条件。

当然，记忆、思想和社会环境的反馈循环会使我们体验情感的方式复杂化。有时会着火，有时没有。但是，我们不会因为需要更换电池就扔掉烟雾探测器！但这却可以让我们学会倾听情绪中的智慧。

从这个角度来看，所有的情绪都是可以感受的。重要的是我们的反应和应对方式。当我们没有意识到自己的情绪时，当我们被情绪淹没，受到影响时，它们可能会造成伤害。但其实，有问题的并不是情绪本身，而是我们对一种情绪的反应性表达或我们对它的习惯性抑制。当反应性表达出来时，直接的伤害是外在的。当选择习惯性抑制时，伤害转向内部，随着时间的推移对他人也会造成日积月累的伤害。

我们感受情绪的能力来自数百万年的进化，深深植根于我们的大脑中。我们是敏感的生物，生来就有感知事物的能力，不论从字面还是象征意义上，我们都能被周围的世界所感动。遍及我们身体和内脏的神经确保从我们从感觉、心理和情感上得到来自环境中的，精确和即时的反馈。

今天的大量研究表明了我们情感生活的内在价值和智慧。从释放的一系列荷尔蒙以维系看护人和儿童之间的健康纽带，到面对威胁时愤怒的沸腾或恐惧的颤抖，情感领域是人类的基本组成部分。当我们理解情感作为信息来源的自然目的时，我们就可以打破已经内化的谬见，意识到它们的存在并更充分地感受它们。

情绪调色板

正念是发展我们识别情绪（情绪识别）并平衡感知情绪（情绪调节）能力的主要工具。情绪识别从注意和说出我们的感受开始——有时也称为情感标签。起初，我们对情感的词汇可能是很初级的，只能用几个词来描述感受：快乐、悲伤、疯狂、困惑。这就像尝试只用几种颜色作画一样。

练习：反思感受

以下是我们在需求得到或得不到满足时的部分感受清单，花点时间通读一遍并考虑：哪些感觉最熟悉？哪些是最不熟悉的？在你的一天中，你在自己或他人的经历中注意到什么感觉？特别要注意的是你自己的情绪在一天的过程中是如何变化的。

人类情感清单

当我们的需求得到满足时。

和平	友爱	高兴	好玩	感兴趣
安宁	温暖	快乐	精力充沛	充实
平静	多情	兴奋	生机勃勃	警惕
满足	温柔	充满希望	精神焕发	激昂
全神贯注	欣赏	愉悦	顽皮	惊讶
安详	友好	满意	有生气	关心
亲爱	敏感	开心	活泼	好奇
圆满	有同情心	感激	热情洋溢	急切
满意	感激	自信	忘乎所以	狂热
放松	信任	启发	喜欢冒险	着迷
放心	开放	鼓舞	淘气	被迷住
安静	谢意	感动	傻笑	吃惊
无忧无虑	热情	骄傲	轻快活跃	

当我们的需求未得到满足时。

疯狂	孤独	紧张	昏昏欲睡	不舒服
没耐心	受伤	不安	漠不关心	沉默寡言
恼怒	伤心	焦虑	不知所措	无动于衷
沮丧	不开心	担心	不情愿的	不为所动
不高兴	悲观	受惊	无聊	尴尬
愤怒	不知所措	不安全的	无趣	无助
恶心	冷漠	敏感	废话	
仇恨	气馁	震惊	无精打采	
苦涩	痛苦	忧虑	怀疑	
憎恨	沮丧	嫉妒	不稳定	
生气	心灰意冷	惊恐	不安分	
狂怒	绝望	惊骇	困惑	
恼怒	悲怆	绝望	沉重	
充满敌意的	抑郁	疲惫	犹豫	
暴怒	忧郁	烦躁	苦恼	
悲伤	恐惧	烦躁		

这些限制通常不仅仅是一个概念，它们也是感官的——意味着我们感受到情感生活细微差别的能力可能会减弱或消失，多年的封闭或回避情绪会削弱我们情绪的感知。这是完全可能的。所以不论我们身在何处，首先要把知觉带到我们的经验中。

我们都与情绪有着不同的关系，不知道自己的感受是很正常的，有时甚至会感到麻木。有时我们可能会感受非常强烈。没有一个所谓“正确”的方式。我们的目标是能够识别当前的感觉，清理我们的精神和感官通道，以便我们从周围环境和人际关系中获得反馈。

为我们的情绪命名是进行有意识的正念交流的必要基础，也是情绪识别的第一个组成部分。我们通过感觉它们在我们身体中的变化来完善这种能力。

你是否曾经停下来直接审视过一种情绪？这股能像飓风一样穿过我们的能量是什么？如果你仔细观察，你会发现每一种情绪都是身体、心灵和思想的动态相互作用，是由思想和意义产生的感觉的混合。

感觉是情绪的主要组成部分，诸如悲伤或欢乐之类的词是指丰富的内在经验世界。悲伤可能包括胸口的压力、嗓子的僵硬、眼睛的沉重。喜悦让你感到开阔、宽敞、温暖或轻盈。

情绪也有具体的形态。悲伤使我们低下头，垂下肩膀；愤怒使我们咬紧牙关，握紧拳头；自信能振奋我们的精神，让我们神采奕奕。反过来也一样：一种情绪的表达也是需要借助身体姿势的改变，进而刺激神经的化学反应。比如把面部肌肉清晰地表达成一个微笑就可以提升我们的精神状态。

我们越清楚地开始感受情绪的躯体体验，就越能敏捷和熟练地识别感受。随着时间的推移，通过耐心地专注于此，我们的调色板开始扩大。我们从只有四种颜色到十种，再到二十种，最后达到丰富的显示效果。就像画家用不同色调的蓝色、淡紫色和灰色描绘天空一样，我们也可以学会识别和感受我们全部的情绪。

但是，仅仅因为我们的调色板变得丰富，并不意味着我们知道如何绘画。我们可以意识到自己的感受，但仍然会被情绪所驱使或压抑。它们的强度可以穿透我们的注意力，让我们眩晕。

接下来，我们要学习如何管理情绪敏捷度：以一种非反应性的方式体验。这有时被称为情绪调节，它更多是与内部平衡有关，而不是控制。回到这个类比上，如果说情绪识别扩展了我们的调色板，那么情绪调节就教会了我们正确地握住画笔。

每一种情绪都有一种基调，一种愉快、不愉快或中性的基本“味道”。这种潜在的令人愉快或令人不愉快的语气常常是我们前进的动力。它是我们渴望的，试图避免或抗拒去感受的。情绪也会有能量成分，一种遍布全身的感官体验。愤怒通常是骚动、急躁的感觉；关爱可以是抚慰、柔软或温暖；兴奋和喜悦可能让人活泼、欢快、愿意说话；焦虑会让人感到脆弱和不安。

情绪的特性和能量往往会吸引并左右我们的行动。正是我们无法忍受不愉快的激烈的语气，才激发了反应。我们可以用正念来注意情感的这一方面，并稳定注意力，而不是被它们的思想和故事牵着鼻子走。情绪调节让我们充分地感受情绪，而不是压制或切断与情绪的联系。我们要培养耐心、力量和宽阔的胸怀，让这些语气和能量的浪潮冲刷我们，而不是被它们击垮。

我们的情绪几乎总是伴随着一个故事。尽管我们可能没有明显的理由感到高兴或难过，但往往是我们在回应内部或外部环境中的某些具体的东西。情绪的最后一个维度是最复杂的：与之相关的思想、故事和意义都在其中。

我们的思想与情绪之间的相互作用值得探索，它们经常互相滋养：思想和故事为情绪提供了动力，而情绪反过来又激发了进一步的思考和沉思。通过层层思考，我们通常会在情感的核心发现一些与我们深层需求相关的意义或信念。专注于重要的事情意味着找到这个关键的结合点，找到任何意义和相关的需求。在悲伤中，我们可能会发现“我很孤独”的感觉，以及对陪伴、友谊或社区的渴望。感到羞耻的核心可能是“我不够出色”的信念，以及对自我接受、尊严或认可的需要。

当我对自己说，我是一名佛教徒时，所有这些组成部分——意义、音调、能量和感觉的风暴席卷了我的心。为了处理我们的情绪，我们必须注意这些要素并充分感受它们的能力，以适应情绪的各个方面，不被其中任何一个要素抛出去。我们的内心越平衡，就越容易谈论自己和他人的情绪。

原则

意识到我们的情绪能让我们更好地选择参与对话的技巧。

练习：感受情绪

花点时间来练习正念，彻底探索一种情绪的不同组成部分。首先把注意力放在身体上。用呼吸来稳定你的意识，让事情尽可能地稳定沉淀下来。然后回想一个引起某种感觉的情景（这没有什么困难的），让它在你的脑海中变得清晰。使用下面的步骤来探索任何存在的情绪，一次一个：

情绪：命名情绪。你感觉如何？

位置：你的感觉是在哪里？是在你的脸上、胸口，还是背部？或是别的地方？

感觉：那里是什么感觉？与这种情绪相关的实际感受是什么？感到了压力、紧绷、疼痛、沉重吗？还是温暖、开放、轻盈、流畅？

调性：情绪的整体味道或色调是什么？是愉快还是不愉快？你可以放松自己，缓和并扩大自己的注意力吗？

意义：有什么与情绪有关的想法、故事或意义吗？如果让你把它归结为一个词，你会说什么？

需求：这种情感与什么需求相关？在这里什么对你重要？

命名我们的情绪并识别它们的成分可以帮助我们进行自我调节。用正念来确定正在发生的事情会产生积极的结果。一旦我们说出一个事物，我们就与它建立了关系。利用这个视角所创造的空间，情绪就可以稳定下来。

有时情绪太过强烈，以至于我们无法区分以上任何一种成分，更不用说容忍它们。我们的思想和身体充满了强烈的感情。这种情况可能发生在愉快的情绪中，如喜爱或热情洋溢，也可能发生在不愉快的情绪中，如愤怒或厌恶。

在这里，我们可以用正念的呼吸来缓和情绪的强度，充分欣赏愉悦的情绪体验，并使不愉快的情绪得到平衡。正如我们在身体中使用一个参考点来锚定我们的注意力一样，我们可以在强烈的情绪风暴中使用呼吸或身体稳定自己的意识。

练习：舒缓强烈的情绪

下次你感到强烈的情绪波动时，试着用你的呼吸来平静和抚慰你的身心，做几个缓慢的深呼吸。吸气时，感觉空气充满你的腹部和胸部。轻轻地噘起嘴唇，缓缓地呼出一口气，将你的呼吸释放成一股稀薄的气流。注意你的身体感觉，要格外注意任何程度的安定或镇定。

所有的情绪都需要我们的关注。它们渴望被了解、感受和释放。当我们观察到自己的情绪并充分感受到它们时，我们会看到一个深刻的真理：它们转瞬即逝。即使它们向我们发送重要的信号，也像来来去去的天气系统一样。“情绪”这个词的拉丁词根字面意思是“搬出去”。当我们让自己有意识地感觉到自己的情绪时，它们就可以尽自己所能来帮助、照顾我们。它们会告诉我们如何应对事物，如何继续前行。

打破责怪游戏：彻底的责任

当我们在情绪中找到更多的内在平衡和稳定时，我们参与人际关系的能力也会增长。有了完整的调色板和适当的画笔控制，我们就可以开始作画了。情绪敏捷度的最后一个阶段是培养倾听的能力和不带责怪的表达能力。这既是关于我们如何思考的问题，也和我们所说的话有关。

关于情绪最普遍、最未被质疑的一个谬见是，它们是别人的错。媒体和娱乐业每天都在强化这一观念。“我生气是因为你……”这是我们在工作中进行的无意识交流训练，他使我们陷入责怪游戏的泥潭。我责怪你，你反驳，我们争吵与辩护。

我们的思想和言语有能力塑造我们的经验。对我们的感觉负责，并将自己从责备中解脱出来，这涉及对我们大脑中产生和强化责怪游戏的感知机制的敏锐关注。下图说明了游戏背后的逻辑。一个朋友与你见面迟到了十五分钟，你说：“你迟到了让我很生气。”实际上两者真的有直接的因果关系吗？他们的行为会引起你的情绪吗？

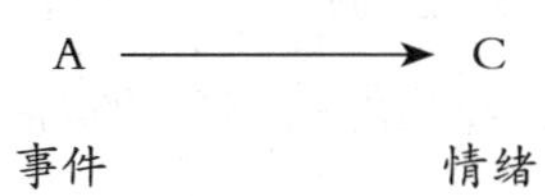

图4　责怪游戏

在不同的一天里，你可能会有不同的反应。你可能会感到受伤、担心，如果你忙碌了一天，你会觉得放松，终于有了几分钟自己的时间！

我们的感觉从来不是由别人或他们的行为直接引起的。它们之间有关系，但却是间接的关系。外在事件刺激我们的感受，这是我们情绪反应的必要条件，但不充分。最直接的根本原因是我们与事件的关系：我们的需求和价值，在下图中由B点表示。这包括我们的生活环境、文化背景、个人和社会历史，以及期望，还有我们告诉自己的故事和我们根据情况塑造的意义。所有这些因素都与我们的需求息息相关。

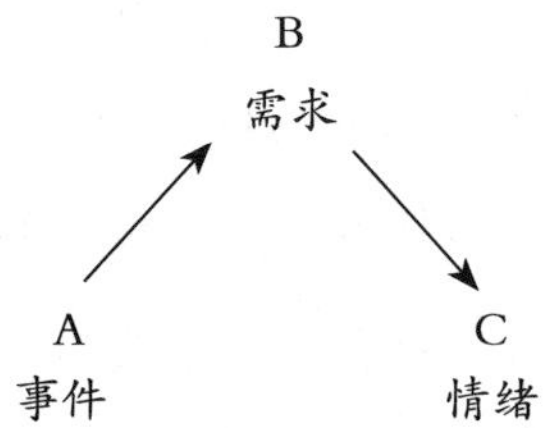

图5　感受是需求的一种功能

责怪游戏试图抓住别人，使其对我们的情绪反应负责，也使我们陷入争论。有人能让你感觉到什么吗？你怎么能对我的反应负责？反之亦然，我怎么可能对你的反应负责？

我们每个人都要对自己的行为和反应负责。请记住，我们的感受是我们的需求的一种功能。对我的反应负责意味着训练我的思想，将情绪追溯到产生它们的需求上。每当我的注意力向外转移到责怪别人时，我都可以停下来调查审视：这个人是不是应该对我的反应负全部责任？这个事件对我有什么意义？我需要什么？我生活的大环境，或者我的社会位置是如何构成我的经历的？

当我们走出责怪游戏，彻底地为自己的感受负责时，我们就会开拓自由的渠道。如果你是引起我情绪激动的原因，那么你拥有力量，而我依然无助。当我们把感觉理解为需求的一种功能，而不是他人行为的直接结果时，我们就重新获得了自主权和能动性。这就是人类在面对残酷的对待、折磨或其他恐怖的打压时，会对被压迫者产生同情而不是仇恨的原因。我们的情绪生活成为我们自身价值观的延伸，成为我们需求的晴雨表，而不是我们需要保护的责任或弱点。

内在自由的语法

你曾经试过拔草种植花园吗？如果有的话，你就会知道为什么活动家将他们的工作称为“草根”组织。我们把自己的感受归咎于他人的条件反射也有着同样的原因，这是一种在我们脑海里根深蒂固的看待事物的方式。

有一些迹象表明你正在进行责怪游戏，并且有一种清晰明确的方法可以将其切断。首先，也是最重要的，看看我们的语言是如何构建一个关于责备的叙述的。如果你发现你将自己感觉的原因置于外面，思考或说：“我感觉__________，是因为你（他们）……”那么回过头来，将其与你的需求连接起来，如卢森堡所教导的，使用以下结构来定位你内心的感觉来源：

我感到_______因为我需要/想要/重视________。

你感到______是因为你需要/想要/重视________。

注意主语的平行一致性：我的感觉与我的需求联系在一起，你的感觉与你的需求联系在一起。反复练习，直到它成为你头脑中情绪的默认观点。这将削弱责怪游戏的基础，使表达自己和倾听他人变得更容易。

责怪游戏出现在我们的语言中的另一种方式是将思想伪装成感觉：

◎ 我觉得你好像不爱我。

◎ 我觉得这整件事很荒谬。

◎ 我觉得你似乎没在听。

在动词“觉得”后的“好像”“这”“ 似乎”等，表达的是一种思想，而不是一种感觉——通常是指责、判断或解释。类似的，“我觉得”后面的代词或名字，通常会带我们进入大脑进行分析和评估：

◎ 我觉得我不擅长这个。

◎ 我觉得他们一直故意拖延时间。

◎ 我觉得艾米不够资格。

这些是我们情感的间接和异化的表达，它们阻碍了我们充分感受、表达自己或以建立理解的方式倾听他人的能力。

责怪游戏的最后一招更加隐秘。在英语中有很多词在口语上指的是情绪，但表达的却是责备，将意图归咎于他人。“我觉得被攻击了”讲述的是正在发生的事情：你在攻击我。更重要的是，它忽略了关于我实际感受的重要信息，这些信息可能包含害怕、受伤、生气或困惑。

如果我们认为有人在攻击我们，以下是我们可以使用的其他表达方式的一些示例：

◎“我感到不知所措和困惑，想用一种对我来说更容易理解的方式来谈论这件事，我们能放慢一点吗？”

◎“我有点吃惊，有些震惊，因为我不知道发生了什么。你是在说……吗？”

◎“唉，这很伤人。我真的很想让大家看到我是多么努力地在做这件事。我们能后退几步，先回顾一下进展顺利的地方吗？”

这些语句都可以用在口语中表达我们的需求，注意添加上下文和真实性，并以一个请求结尾（我们将在后面的章节讨论）。

练习：注意到虚假的感觉

有很多词都属于这种“虚假的感觉”，也就是说，通过责怪他人来指称一种情绪。在下面的列表中，你发现你自己用来表达情感的是哪些词汇呢？当你用这个词的时候，你内心的感觉是什么？

虚假的感觉词汇

被遗弃的	被削减	被忽视	被不公平对待
被虐待	被解雇	被居高临下地对待	受到威胁
被攻击	不被尊重	压力大	未被欣赏
被背叛	被打断	被挑衅	不被理睬
被欺负	被吓到	被贬低	未被看见
被骗	被辜负	被拒绝	得不到支持
被强迫	被操纵	被利用	不被需要
被逼至绝境	被误解	被认为理所当然	被习惯

练习：转换感觉——“我内心的感觉是怎样的？”

在你的一天当中，注意你是如何思考和谈论你的情绪的。留心观察责怪游戏的迹象：“因为你”，觉得“好像或似乎”，以及虚假的感觉词汇。（同时也要注意防备责怪自己的倾向！）

当你注意到的时候，停下来问问自己：“当我告诉自己这些的时候，我的内心是什么感觉？”

一直问这个问题，直到你能辨别出你正在面对的真实情绪，然后尝试将你的感受与重要的事情联系起来，判断你重视或需要的到底是什么。

用这种方式倾听他人，试着去了解他们的感受，带着真诚的意图去理解，去考虑什么对他们来说是重要的，他们需要什么样的，与这些感觉相关的东西？就这样，默默去尝试，训练你的注意力去识别感觉和需求。

如果你发现自己陷入了责备感知的困境，请记住，它们也只是信息的另一种形式，是我们学会意识到自己需求的一种特殊方式。把你的注意力转移到字里行间的情感上，仔细去理解你的感受，然后聆听与之相关的需求，搞清楚什么对你来说是重要的。

表达感受

谈到他的节目《罗杰斯先生的邻居》时，弗雷德·罗杰斯曾对美国参议院的一个委员会说，他的目标是“让人们明白，感受是可以提及的，也是可以控制的”。这种观点为我们能够就重要的事物（包括我们的情绪）进行成功的、富有成效的对话奠定了基础。

当我们以这种方式训练我们的思想时，我们便拥有了一种强大的技术，可以将责备和判断转化为内心深处的感觉和需求。在“你很冷淡”这句话的背后，我们听到的是渴望更多关爱或亲密的痛苦。在“别那么敏感”这句话里，我们感觉到了沮丧，也许是想要更轻松、更灵活。我们学会以同理心去对他人感同身受，不管他们如何表达自己，并以一种别人更容易理解的方式公开分享自己的感受。

以这种方式分享我们的感受和需求会产生举足轻重的作用。

最近，我的朋友莎拉的母亲在医院突然去世了。由于缺乏明确的诊断，家人们做出了进行尸检的艰难决定。在处理安排的过程中，莎拉给丧葬负责人打了一个很有挑战性的电话，负责人嘲弄了他们的选择，并且漏掉了关键的日程安排信息。

由于负责人缺乏同理心，莎拉感到很不安，要求与之面谈。

两人见面后，莎拉以一种不带责备的态度公开而真诚地告诉对方："我对我们昨天的交谈感到很难过，失去母亲对我的家庭来说是一个难以置信的艰难挑战，因此尽可能明确和轻松地处理后事真的很重要。"

她解释说，进行尸检的决定对他们来说是非常情绪化的："由于所有这些原因，你对我们的问题的回答令我感到失望和沮丧。"她希望负责人能尊重家人的意愿，与他们交谈时带着更多的同情心。她那清晰、沉稳的语调和坦率的态度产生了效果，丧葬负责人为自己的言行道了歉，表示理解，并承诺将在之后努力以更多的同情心来进行沟通。

原则

我们越是对自己的感觉负责，把它们与我们的需求联系起来，而不是与他人的行为联系起来，别人就越容易听到我们的声音。我们越多地从他人的感受中听到他们的需求，就越容易理解别人，而不是从中听到责备，听到需要同意的言语或对他们的情绪负责。

就像需求一样，谈论情绪也会让人感到脆弱。运用智慧来选择何时、何地以及如何讨论这些问题是非常重要的。根据语境和文化的不同，双方可能会存在很大的差异。一般来说，在我们的个人生活、亲密关系和友谊中比在大多数专业场合中有更多的时间谈论情绪。不过，当感觉出现时，不论背景如何，找到一种承认和包含它们的方式都很重要。否则，它们就会在表面之下开始自己的表演。

当环境不支持公开讨论感受时，我们可以通过有节制地表达，将它们包括在对话中。要想在不显得自己太脆弱的情况下承认自己的愤怒，可以试着选择一些反映较轻松情绪的词汇，或者尽量使用诸如“有点”或“一些”之类的短语将其最小化。例如将“你生气是因为你想让事情进展得更顺利吗？”变成“听起来有点令人难过，是因为你想让事情进行得更顺利吗？”

练习：倾听和表达情绪

尝试在低风险的情况下承认自己的感受。当你倾听时，以自然、真实的方式反映你听到的任何情绪。你可以简单地说“哇，听起来很令人难过”或者做一个同理心的猜测“你是（感觉）……的吗？”尽可能将你感觉到的情绪与需求联系起来，猜测什么是重要的。

当你感觉到情绪时，把知觉根植于你的身体，给自己一些时间去感受正在发生的事情。试着分享你的感受，并把它们与对你重要的事情联系起来。你能意识到你的感觉是你的需求的反映吗？你能找到方法公开、诚实地表达自己的想法而不带责备，将它们与你想要的东西联系起来吗？

意识到自己的感受和需求，会让我们在如何应对生活这方面有更多的选择。当我们的需求得到满足时，我们会尽情享受、庆祝或表达感激之情。当我们的需求得不到满足时，我们可以让别人知道他们的言行如何影响我们，将我们的情感与我们自己的需求联系起来。当别人表示赞赏或指责时，我们可以去聆听和了解他们所经历的感受和需求。

当我和母亲终于和解时，我们能够分享我们的感受和原因。她希望我快乐，过一种她能理解的、符合她的价值观的生活。我希望被人看到，希望她相信我的正直，支持我找到自己的路。这种理解使我们之间更加亲近。

在某些情况下，我们可能需要做出改变，甚至结束一段对我们无益的关系。不论采取何种行动，我们都可以根据对需求的清晰认识和对话的开放态度，有意识地做出反应，而不是被动地去回应。

我们不需要害怕我们的情绪，可以学会敏捷地处理它们，倾听它们的信号，并在其强度中找到平衡。当我们超越了回避和压抑它们的二元选择或者认同它们，付诸行动时，我们就会让情绪作为人类不可或缺的一部分流经我们的身体，就能收到它们提供

的有关我们内心更深刻的需求和价值的信息，沿着这些信息就可以追溯我们的生活轨迹。

总结

意识到我们的情绪能让我们更好地选择参与对话的技巧。

我们越是对自己的感觉负责，把它们与我们的需求联系起来，而不是与他人的行动联系起来，别人就越容易听到我们的声音。我们越多地从他人的感受中听到了他们的需求，就越容易理解别人，而不是从中听到责备，听到需要同意的言语或对他们的情绪负责。

关键点

我们往往会通过压抑自己的情绪或与它们纠缠在一起来与我们的情绪建立联系，而情绪是人类的自然组成部分，可以向我们提供有关需求的重要信息。

正念是发展我们以下能力的主要工具：

识别情绪（情绪识别），准确地说出我们的感受。

平衡地感受情绪（情绪调节），在内心拥有欣赏愉快情绪和忍受不愉快情绪的空间。

不带责备地倾听和表达情绪（情绪表达），将它们与潜在的需求或价值观联系起来。

对我们的感觉负责，并将自己从责备中解脱出来，这涉及对我们大脑中产生和强化责怪游戏的感知机制的敏锐关注。

在以下情况下，我们就知道自己在玩责怪游戏：

构建一个责备的叙述，把我们的感觉因素置于外面。

直接将我们的感受与他人的行为联系起来。

将思想伪装成感受。

使用“虚假的情绪”词汇，这些词指的是情绪，但却表达了责备，将意愿归咎于他人。

问&答

问：如果我在身体里没有注意到任何情绪或感觉不到任何东西，该怎么办？

答：这很普遍。我们生活在一个脱离肉体化的社会中，因此要感受我们的身体和体验情感可能需要一些时间。如果我们的情绪在成长过程中没有得到确认，那么我们已经学会了压抑或避免情绪。或者在经历了创伤性事件之后，我们可能会把自己关在情绪的大门之外。但不管原因是什么，你都可以重新唤醒自己感觉的能力，与自己以及生活建立更丰富的关系。

注意那种“没有任何感觉”的经历体验。它是空白的、空虚的、麻木的吗？它位于你身体的任何特定部位吗？保持这种意识和警觉，瑜伽、舞蹈或其他运动都有帮助。和朋友交谈，问问他们对你的感受的看法。有时候，进行反思可以帮助你认识自己的感受。

最后，与你的内心交谈。这听起来有些做作，但确实有效。告诉你的潜意识，你可以感受更多。睡觉前或起床时，对自己说些类似这样的话：“我对感觉自己的情绪很感兴趣。我在这里，我愿意去感受。”这会在你的心灵上播下一颗种子，它可以成为打开你的情绪的催化剂。

问：我有相反的问题，我感到很容易被强烈的情绪压垮，该怎么做?

答：注意，这种模式是转变它的第一步——能够说出发生了什么是很重要的。研究潜在的动态，有没有什么特殊的情况让你感到不堪重负，不知所措？什么可以帮助你重新找到平衡？使用第三章中的练习来缓解强烈的情绪或进行定向训练。因此，在一个安全、有支持的环境中与他人探索这些模式也是一种疗伤方式，可以是朋友、导师或专业顾问。

问：我们不需要为别人的反应负责，但我们确实会相互影响。如果你确实做了伤感情的事情但又不想纠缠于责怪游戏，你将如何处理?

答：当我做了一些不符合他人需要的事情时，我希望能够承认，并修复对人际关系造成的任何损害。发自内心的道歉与承担指责之间是有区别的。前者承认我行动的影响，并表示我诚挚的关心或抱歉。后者则是在解读我的意愿，或对我的性格做出评判，认为我是坏的或是错的。

问：当我真的感到被操纵或被背叛时，该怎么办？愤怒在正念沟通中扮演什么角色?

答：愤怒是一种完全自然的情绪。这是一个强烈的信号，表明我们的需求没有得到满足。从进化的角度来看，当我们感知到环境中的威胁时，它会保护我们。愤怒的破坏性影响来自我们的处理方式，而不是愤怒本身。当我们可以将责怪的故事与未满足的需求区分开时，我们就可以更具建设性地表达自己。

感到“被操纵”或“被背叛”表明你的情绪会被对他人意图的解释所影响。为了尊重你强烈的体验而又不陷入责怪游戏，你可以把这些话看作是指向你的感受和需求的信息。研究一下你内心的想法。当你告诉自己“我被操纵了”的时候，你的内心是什么感觉？你需要什么？

一旦明确这一点之后，你就可以不带责备地传达你的感受，表达你的原始情绪，并将其与对你重要的事物联系起来。如果你找不到其他的词（并且你认为其他人会理解），你可以这样来承担责任：“我对自己讲了一个你背叛了我的故事。”这表明了你的主观解读，同时也为他人的经历体验留出了空间。

问：如果我一天当中没有时间去感受自己的情绪该怎么办？

答：这就是正式的正念练习真正有益的地方。花点时间进行冥想练习，让我们有机会梳理一天的工作，这样我们就不用沾上带着情绪反应的残渣。它还可以提高我们的意识，帮助我们增强能力。我们越是在“坐垫上”探索强烈的感觉和具有挑战性的情绪，就越能熟练地在生活中的“坐垫外”感受和处理情绪。正式的正念练习也会在内心创造更多的空间来忍受不愉快情绪带来的不适，使我们能够在当下以更多的关心和思考来回应。

第九章
增强同理心和内在韧性

学会站在别人的立场上考虑问题，用他们的眼睛去看待世界，这就是和平的开始……同理心是一种可以改变世界的品质。

——巴拉克·奥巴马（第44任美国总统）

在这本书中，我们所探讨的交流涉及将注意力从我们的内在经验巧妙转移到另一个人的经验上。这种灵活性给予我们很好的对话技巧，当我们训练了自己的同理心，对话就成为可能。

在正式的冥想中，吸气和呼气的节奏感为稳定意识和发展正念、专注和智慧提供了一个可靠的方法。在交流实践中（这本身也是冥想训练的一种形式），对感觉和需求的意识支持我们保持投入，清晰地表达自己以及感同身受地倾听他人。

在有效对话的第三步中，有时最重要的是同理心。如我们所见，同理心倾听是使我们能够真正彼此聆听的一种方式。它是治愈和韧性的有效来源。这是交流中不可或缺的一个方面，因此我想探索一些其他方法来提高这种能力。

感受真善美：感恩、喜悦和庆祝

当我们想到同理心时，通常会关注处理痛苦、冲突和分歧。同理心确实适用于处理困难，同时它也是增进善良的一个重要工具：加深友谊，加强联系，欣赏生活之美。同理心是我们内心的共鸣能力，当我们把这种能力转化为滋养时，我们的内心就会感到喜悦。当我与家人分享我成为佛教僧侣的消息时，我非常渴望他们对我的喜悦产生共鸣——加入我的庆祝中。

这种品质（在佛教中被称为Mudita，或“随喜赞叹”）可以增强我们的幸福感和韧性。这种滋养我们生活中健康方面的能力是治愈的一个重要组成部分，但常常被忽视。我们需要足够的勇气来放慢脚步享受成功，在需要被满足时获得快乐，或者感受一种肯定的感觉。通过练习，我们可以增强我们的同理心，以品味美好，培养我们对自己生活中的幸福的感激，并为他人的快乐或好运庆祝。

练习：感激、喜悦和庆祝

花点时间去思考一些你在生活中欣赏的东西，尽可能具体，比如你吃过的一顿饭、最近见过的一个朋友，让这种情境在你的脑海中鲜活起来。注意任何由此产生的温暖、感激或欣赏的感觉。你是在身体的哪里注意到这些情绪的？那里是什么感觉？

接下来，考虑你的什么需求得到了满足。关于这种情况、事件或人最重要的是什么？花一些时间来享受满足你的需求的快乐，就像泡澡一样，让自己充分吸收这种快乐。

把这种欣赏的目光转向外部。当你听到好消息，或者和一个正在享受幸福或成功的人在一起时，去感受和聆听他们的幸福。你能和他们一起庆祝吗？注意任何进行比较或相信他们的好运的倾向都会在某种程度上减少你所能获得的幸福感。如果这个人是你的孩子，你会有什么感觉？你能增强你的同理心来庆祝他们的幸福吗？

自我同理心：温柔的力量

我二十岁出头，在马萨诸塞州乡村的一家医疗中心工作的那段困难时期，我感到越来越孤独和被孤立。

当冥想练习把我的注意力吸引到内心时，我开始觉得自己陷入了对建立联结的渴望中。我渴望别人问我过得怎么样，但很少有人能提供我所需要的那种和谐，让我感到足够安全可以去分享。每一次联结的失败都加深了我的孤独感，增加了我想要被人看到的绝望感，而陷入这种恶性循环使人变得麻痹。

痛苦会阻碍同理心。当我们陷入自己的痛苦时，就很难让同理心触动我们，更不用说倾听他人的心声或给予他人同理心了。没有办法处理我们自己的痛苦，沟通就会变得更有挑战性。

最终，我找到了一两个能够以让我接受的方式提供同理心的人，这缓解了我强烈焦灼的渴望，并催化了一场持续数年的转变。

有时候，获得同理心是我们治愈伤痛的良药。通过他人的关心，我们学会了对自己温柔。自我同理心可以增强我们的韧性，将我们与自己的关系从严厉和裁判转变为善意和自我同理心。这包括处理压力和情绪上的痛苦的能力，在未被满足的需求中找到平静，治愈我们内心的伤痛。

这不仅会使生活更加愉快，而且也使我们在对话中有了更多的选择。自我同理心会增加我们的耐心，有了片刻的有意识的自我同理心，我们就可以承认自己的内在经历，暂时把它放在一边，创造空间去倾听别人。

原则

对自己有同理心可以提高我们倾听他人的能力，不论他们是否有空间聆听我们的声音。

练习：自我同理心

经常使用这种冥想来培养你对自己产生同理心的关爱态度的能力。

以任何你觉得真实和自然的方式开始安定下来并建立投入感——根植于身体中或做一些缓慢的、有意识的呼吸。接下来，回想一个你想要培养自我同理心的情况或事件（开始时不要选择太痛苦的事件）。

现在是什么情绪？感受它们在你身体里的感觉。如果这种情绪很强烈，就把你的注意力扩展到身体的其他部分。你能给任何痛苦的感觉带来一种温柔的抚慰吗？

接下来，询问你的需求和价值观，在内心倾听什么是重要的。问自己："如果我有了它，那我还会有什么？"或者："这跟我有什么样的关系？"先询问，直到你清楚自己的需求。再看看你是否能把温柔的抚慰带进你对它的重视中。调用所有你感受到的外界对你的关心和同情，用这种善意的感觉来让你的注意力得到休息。

最后，将你的注意力转移到需求或价值本身上来，作为我们共同的人性的一个方面。你能在这种价值中找到与完整性、美感或尊严的任何联系吗？

同理心的河岸：处理同理心痛苦

人类存在一个同理心的光谱，显示获得同理心的程度范围以及我们感受到它的强度范围。有时，同理心来得太过容易，以至于我们会因为感受的深度感到不知所措或被淹没。事实上，造成同情疲劳的一个常见原因是对他人痛苦的过度认同，有时被称为同理心痛苦。

在这些情况下，同理心的技巧涉及学习处理我们的痛苦与困扰以及感觉我们的分离和独立。如果被其淹没，不知所措，我们就失去了熟练应对的能力。出于自我保护，我们可能会做出反应，试图控制自己的痛苦，或者因为害怕迷失在别人的经历中而退缩。

练习：遭遇身体上的同理心痛苦

三种同理心（身体、情感、认知）为构建一个强大的内心容器提供了有用的框架，就好像为同理心的流动提供了支持的河岸。

尝试以下身体训练来恢复平衡：

适应周围环境，确保身体安全。

稳定你的注意力，可以联系到重心或其他身体参考点（中心线、呼吸或手、脚之类的接触点）上。

感觉你皮肤的边界。参加任何能刺激你身体感觉的活动，比如锻炼、按摩、轻轻捏一捏你的四肢，或者洗个热水澡。

注意你和他人之间的物理空间，或者注意你周围的空间。

在情感方面，尽量暂停进一步的输入。例如，今天有许多人由于通过新闻媒体过度地接触到世界范围内的巨大痛苦的信息而遭受同理心痛苦。用同理心来恢复和发展一种更平衡的关系，通常包括在一段时间内限制自己的新闻摄入量。

在对话中，如果你开始感到不知所措或失去投入能力，不妨找一个方法来巧妙地暂停对话。确认你想要保持联系的愿望，然后分享你休息的需要。这里有一些例子：

“我想我需要一点时间来整理一下思绪。”

“哇，我想花点时间来理解这些，我们能在这里停一下吗？”

“我真的很想继续讨论这一点，但我感到有些不知所措。我们可以休息一下，明天继续吗？”

按下暂停键后，你可以通过以下几种方法来整合和消化情绪上的刺激：

获得朋友或导师的同理心。

进行自我移情练习。

平缓强烈的情绪，通过正式的正念练习。

平衡你身体的机能，以亲近自然、艺术或音乐等健康愉悦的形式。

最后，在认知领域中，探索可能导致对他人感受过度认同的潜在信念。与朋友交谈，试着发现你对自己在这种情况下所扮演的角色的意义，或者有关治愈方式的任何假设。以下是一些可能起作用的常见信念：

你可能认为照顾他人是你的责任，出于义务、害怕或无力处理自己的痛苦与他人的困境。

你可能会认为自己是一个看护者，并为有可能脱离这个角色而感到迷茫。

你可能认为关心意味着痛苦，你不可能在真正同情别人的痛苦的同时自己会感到幸福。

你可能认为自己比他们更了解他们需要什么。

如果你觉得对方没有足够的内部或外部资源，你可能会自动承担更多的责任。

你可能有其他有意识或无意识的信念，迫使你去承担他人的痛苦。

这些信念可能是根深蒂固的，迫使你“陷入”他人的痛苦之中，而不是出于你想要帮助他人的愿望。调查一下是什么导致了你的同理心痛苦。如果退后一步，你就会发现，当自己保持平衡并且资源充足时，可以提供更多的帮助。

真正的同理心建立在集中的基础上。它源于对生活的一种深切的信任，以及与生俱来的智慧。当我们尝试修复、改变或解决他人的痛苦时（甚至相信我们可以做到），我们会加深他们的恐惧和无助，我们实际上是在说：“你无法解决这个问题，所以让我来帮你吧。”

相反，同理心反应可以使体验保持原样。接受、信任和对同理心的真诚关怀会给人一种赋权感，通常还会带来一种治愈的力量。

正如卡尔·罗杰斯所写的：当一个人真正听到你的声音，却没有对你做出评价，没有试图为你承担责任，没有尝试塑造你，那感觉真是太棒了。当我被倾听和被听到时，我能够以一种新的方式重新认识我的世界，并继续前进。令人惊讶的是，当有人聆听时，那些似乎不可能解决的麻烦变得可以解决。当一个人被倾听时，那些看似无法补救的混乱变成了相对清晰的、流动的溪流。

这种平衡的关键是能够保持观点。我们回顾某些基本事实，活着本身就是脆弱的，我们都会承受并感到痛苦。人生就是一连串的起起伏伏，难免会有挑战和失落。我们最终是无法控制的，既不能预防也不能消除他人的困境。所以这可以说是长者的智慧，面对困难，它可以赋予人们平静和温柔。

当我们的同理心能力被整合融入所有三个领域时——当认知同理心充满智慧，当情感同理心与资源相平衡，当身体同理心根植于当下，其结果就是我们在面对痛苦和悲伤时表现出一种韧性和平衡。我们的心可以与他人的喜怒哀乐产生共鸣，而不会被其淹没。

同理心不是同意

当我们不同意别人的观点时，可能会拒绝向别人敞开心扉，因为我们担心。同理心意味着同意别人的观点，或者别人会这样解读。然而，表现出我们理解别人的感受并不等同于同意他们的想法或支持与我们的价值观不符的行动。

这是同理心的一大优势：在无须达成一致的情况下找到联系的可能性。当我们把注意力集中在别人的感受和需求上时，它可以帮助我们了解他人的经历，并与他人产生感同身受的联系。尝试以下练习，增强你的同理心，增强你从自己的经验转换到别人经验的能力。

练习：同理心地图

利用这种思考来探讨分歧或为对话做准备。从简单的、不那么情绪化的情况开始，逐步发展到更困难的情况。在一张纸上绘制四个象限，如下图所示。

同理心地图

我的感受	你的感受
我的需求	**你的需求**

探索你的感受，将它们填入左上象限中。

这些感觉分别与什么需求相关？对你来说最重要的是什么？充分探索你的需求，直到你有了安定的感觉。将这些需求填入左下象限中。

把你的注意力转移到对方身上，探索他们的感受。想象一下他们可能会感到什么情绪。填入右上象限中。

开阔你的胸襟，考虑他们的需求。对这个人来说重要的是什么？他们的感觉可能与什么需求有关？如果你感觉不到对他们需求的支持，那么你的理解就没有达到他们真正需求的程度。你要问："如果他们有了这个，那他们还会有什么？"将这些需求填入右下象限。

比较这左右两边。对你来说有什么变化吗？完成这个练习之后，你会如何处理这种情况呢？

升华同理心：超越你我

在这一章中，我们已经探讨了几种方法来探索同理心的人际关系领域：通过喜悦、感激和自我同情心打造内在的资源；用坚固的河岸支持同理心；提升我们意见不一致时的沟通能力。这些技能的核心是一种接受影响的基本意愿，而同理心挑战我们单独的观念。敞开我的心门，感受他人的喜悦或痛苦，这意味着我愿意去感受，愿意被感动。

当我结束了两年半的佛教修行，回到世俗生活时，一切都变得艰难和糟糕起来。在一个星期的时间里，我因为生病而离开了寺院，我父亲也因为身体问题住进了医院。我这一次住院从几周拖延到了几个月。有一次，当我与一个好朋友分享我极度身心俱疲时，她看着我，只说了一句：“发生这样的事我真的非常、非常难过。”

这是一个真正感同身受有同理心的时刻，带着诚挚而真切的关怀。她并没有“反映自己的感受和需求”，也没有做什么同理心的猜测，更没有检查自己是否理解。她只是让自己直接感觉到了我的挣扎，我的痛苦。她真实地表达了自己内心的话，在那种情况下，我顿时感到自己不再孤单了。

在咨询、心理学和人际交往领域，我们有时会说“给予”和“接受”同理心。只要有一个给予者和一个接受者的概念，一个固定的我和你的感觉，我们就不会完全栖身于同理心的可能性中。真正的同理心超越了说者和听者之间的二元性。我们不是参与交流，而是进入了一个共情投入的领域—— 一个意识、温暖和关怀中的领域。在这个领域中，所有的经验，不管它是我的还是你的，都是已知的、可感知的。我们通过使用任何工具，即支持我们向他人的经验敞开心扉的能力，进入了这个领域。

我相信，当今我们的社会和世界非常需要这种真诚、深切的同理心。从我们个人对联结和治愈的渴望，到弥合政治、阶级和种族分歧的迫切需要，从日益严重的全球难民危机到气候变化的危险影响，同情心可以使我们的认同感超越传统的界限，甚至超越人类大家庭，从而涵盖其他物种和整个生物圈。“完形治疗”的创始人，精神病医生弗里茨 · 佩尔斯说过：“接触是有治疗效果的。”我们发展培养同理心和彼此真诚接触的能力，这对于我们作为一个进化物种以及作为一个文明的存在至关重要。

练习：同理心的方式

以下是对同理心练习的回顾，尝试使用这些方法来获取、分享和表达同理心：

无声的移情投入：给予对方全心全意的关注。

释义：提供你对对方所说的要点的理解，总结他们的故事或其关键细节。

移情反思：在你做出回应之前，通过反思来完成这个循环，专注于当下最突出的事情。如果感觉是最强烈的，那就对别人的感觉进行一个带着同理心的猜测。如果他们的热情似乎与什么重要的事情有关，就猜测他们的需求。通过将他们的感受与他们的需求联系起来，练习内心自由的表达。尽可能自然地这样做，一定要把你的猜测表述成一个问题。你是在确认你是否理解了，而不是告诉对方他们的经历。

移情表达：发自内心地真诚地回应。让自己接受别人分享的东西。他们的话对你有什么影响？

移情/共情行动：让自己以行动来回应。这可以是接触，询问他们是否有任何特定的要求，或者查看对方是否会欢迎你以其他方式表示支持。

总结

对自己怀有同理心可以提高我们倾听他人的能力，不论他们是否有空间倾听我们的声音。

关键点

同理心挑战我们脱离他人的独立观念。对他人的快乐或痛苦敞开心扉意味着我们必须愿意去感受。为了增强我们的同理心，我们可以：

通过喜悦、感激和自我同理心建立内在的韧性。

通过整合所有三种同理心：身体、情感和认知同理心，来应对任何痛苦、潜在的压力或分离感。

当我们有不同意见时，通过关注他人的感受和需求来提升我们的沟通能力。

我们可以通过以下方式进一步平衡同理心的痛苦：

在谈话中休息一下。

获得同理心或练习自我同理心。

通过健康的乐趣（运动、音乐、艺术）自我舒缓。

探索与他人痛苦相关的任何导致义务、纠结或扭曲责任的信念。

问&答

问：当我感同身受时，我只是在将自己的经历投射到别人身上吗？

答：这是关于同理心的悖论，它要求一个人完全活在当下，扎根于自己，同时超越自己的经验，想象另一个人的内心世界。在某种程度上，我们总是参照自己的主观经验去理解对方。我们每一个人的经历都是独特的，但是我们有表达情绪和需求的词语，它们具有普遍性。虽然我永远无法确切地知道你感到悲伤难过是怎样的，但我可以近似地了解，因为我也感受过悲伤。

真正的同理心中有一种谦逊。缺乏这种品质的人会说："我完全知道你的感受。"谦逊的人会说："我无法确切地了解你的感受，但是我很关心你发生了什么，我会尽力去理解你的感受。"这种谦逊包含着对他人经历的深切的尊重和敬意。

问：同理心和同情心之间有什么区别？

答：我使用这些术语的方式在于同理心的含义更广泛，指的是心灵的共鸣能力。这是一种善于接受的品质，可以适应感受人类的全部经验，不论是令人愉快的还是不愉快的，快乐的以及悲伤的。同情心是同理心的一个子集，专指对困难与痛苦的关怀。同情心的接受方式是对痛苦的同理心共鸣。同情心的积极组成部分是为缓解痛苦而随时准备做出应对。同理心和同情心都依赖于平静。我们需要平衡和智慧来觉知他人的内在体验，而又不会对此过度认同。

问：我一直想用同理心去理解我十几岁的女儿，但这似乎无济于事。我会说："我听到了你今晚真的很想出去，但我必须完成这项工作，所以我无法带你去。"她就会生气或者说我不在乎她。

答：我很高兴你正努力在与家人的相处中使用这些工具。我在你的方法中看到了一些东西，这些东西说明了为什么你的女儿可能会感觉不被看到或被听到。你似乎已经得出结论，没有办法同时满足你的需求和她的需求，在脑海中有了一个固定的结果会减少联系和协作的空间。这也反映了你太快就从同理心转变到了你自己的需求上了。

把表达你的需求和表达你对女儿的同理心分开。将你全部的注意力都给她，思考她的感受和需求，直到她感觉被倾听。然后分享你自己的想法，并一起思考讨论，找到对双方都有用的方法。也许她可以帮你，然后你就可以带她出去？或者她可以先自己叫出租车去，晚一点再跟你一同回来。即使你找不到一个方法可以满足所有的需求，但倾听和开放的合作也可能会增进彼此之间的关系。

第十章
如何提出问题且避免引起争执

观察而不评价的能力是人类智力的最高形式。

——吉杜·克里希那穆提（已故印度著名哲学家）

我们已经相当详细地探究了倾听的过程——使用投入和意愿，以平衡和开放的心态来满足他人，识别情绪，感知需求并培养同理心。这些练习增强了我们倾听的能力，并构成了我们说话的基础。

在我向学员教授正念沟通时，我通常会介绍一些在说话之前倾听的工具，这主要出于以下一些原因。首先，这通常是谈话的瓶颈。当两个人都无法听到对方时，理解就会停止，对话就会破裂。其次，这就是我们学会说话的方式。每个婴儿都是通过听自己母语的声音、节奏和句法来学习说话的。当我们训练倾听时，就会凭直觉开始学习如何表达自己。

现在，让我们谈谈等式的另一边：自我表达。我们如何表达我们的意思？这首先需要知道我们的意思。我们必须能够倾听自己的内心，弄清楚自己的体验。我们想让别人知道什么？以及我们如何才能以一种他们能听到的方式进行充分而真实的沟通呢？

卢森堡非暴力沟通模型的核心——观察、感受、需求和请求，提供了一个强大的模板来研究我们自己的体验、想法和情绪，并确定我们希望沟通的基本要素。在讨论我们的感受和需求之前，我们可能需要对讨论的事件达成一致。观察有助于我们了解讨论情况的背景语境。当我们不进行观察时，可能会在无关紧要的事情上争论不休，或者对讨论的主题感到困惑。

在本章中，我们将交流中的注意力从倾听转移到说话。我们将探讨在对话中进行观察的作用，研究可以让我们的注意力更清晰地观察训练工具，并学习如何将判断转化为有用的反馈。

你添加了什么？

佛学老师西尔维亚·布尔斯坦讲述了一个故事，她打电话给一家禅宗冥想中心，登记和注册即将开始的静修（那时候还没有网上注册）。接电话的前台解释说，她需要和一个叫史蒂夫的人通话，但他今天已经走了。她第二天又打电话，却发现又错过了史蒂夫，并被告知次日早上9点史蒂夫在的时候再打过来。

次日上午9点刚过，她就按前台说的准时打了电话，结果前台接待员却对她说："很抱歉，史蒂夫被堵在路上了。"

西尔维亚感到很沮丧，大声说："好吧，我想这意味着我就不应该到这里来静修！"接待员冷淡干脆地回答："不，这意味着史蒂夫不在这里。"

我们可以这么快就得出结论！约瑟夫·戈德斯坦讲述了在

冥想静修课上对一名学生的一次采访，他注意到这名学生下巴紧张。他开始编织一个故事，告诉约瑟夫："我是一个非常焦虑的人，总是那么紧张不安和情绪焦躁。"约瑟夫回答说："听起来你好像注意到了你的下巴很紧张。"学生继续说道："我一直都是高度紧张敏感，这可能就是我的人际关系总是不能长久的原因。我从来都没法拥有一段长期的关系，因为我太着急、焦虑……我会永远孤独下去吧。"约瑟夫再次指出："听起来像是你感觉到了下巴的紧绷，剩下的都是你的想法。"

经验是一回事，我们添加的是另一回事。了解这二者之间的区别是以一种建立理解的方式谈论所发生的事情的关键。

原则

清楚地陈述所发生的事情，而无须做出判断或评估，这会让别人更容易听到我们的声音并寻求解决方案。

你是否曾经试过与人交谈，却发现自己只说了一句话就陷入争论之中？也许你是这样开始的："我想谈一下最近厨房有多乱……"然后在你还没来得及开口再说一个字之前，对方已经在为自己辩护或者指责你有洁癖了。

"刚刚发生了什么？"你很想知道。

如果我们用一种别人不认同的主观解读来引导对话，那么对方很可能会提出质疑。责怪游戏在各种各样的解读中盛行："混乱，被忽视，被攻击。”清晰的观察可以让我们在讨论事件时降低发生争论的概率。

你可能也有过这样推论的经历：有人走近你，发了一顿脾气，显得非常难过。你被搞糊涂了，措手不及。你可能会想：“他们在说什么？”

在没有观察的情况下，我们就只能靠自己去解决问题。观察提供了一个共享的参考点，为我们提供了环境背景，让我们以一种其他人更容易承认而不需要争论的方式来谈论我们的感受和需求。

观察是对事件的具体、详细和中立的陈述，是我们在环境中看到或听到的，不同于评价或解读。

清楚而中立地提及所发生的事情可以让你更容易与别人达成共识。我们可以通过筛选各种解释、判断和评价，建立对事件的共同理解，从而让对话涉及的内容更加广泛。

看清楚

我的好朋友哈努曼对如何区分观察和评价的不同有自己的思考。有一次，在波士顿的一个下午，他在人行横道上等待时遇到了一个很有魅力的年轻女子。他们进行了短暂而热情的交谈，交换了电话号码。几天后，他给她打电话并留了一条信息。几周后，他没有收到回复，于是他决定再打一次电话，又过了一段时间，仍然没有回应。哈努曼坚持自己的观察：他们遇见时，他感觉到了他们之间有一种真诚的联系，于是他留了几条信息，但一直没有回音。他所知道的就是这些。

在接下来的几个月中，他又打了几次电话，留下了简短、友好的信息，并公开邀请对方联系。几个月后，电话响了，原来这个女子一直在做实习医生，通宵达旦地工作，她说很高兴他能一直给她打电话。后来他们一起去划了独木舟，持续约会了三年多的时间。

根据我们的经验来进行解读并得出结论是很自然的事情，这是我们生活的一部分。我们的大脑不断地评估，区分安全与危险、朋友与敌人。清晰的洞察力是有用的，而被动反应的、自动的或习惯性的判断则不是这样。问题是当我们在一无所知的情况下进行评估时，将我们对现实的解释误认为是事实，把观察和评估混为一谈会给我们带来内在的压力，并会对我们的人际关系造成严重的破坏。我们可以把一个面部表情解释成任何意思，倾向性地将其描述为整个对抗的故事，甚至不去检查我们在一开始是否就理解。我们的思维会非常迅速地从一个事件转变到一种解释，以至于很容易忽略一个事实：这是两个独立不同的事物。

正念常被定义为没有扭曲或偏见的意识，它阐明了解释的过程，阐明了我们的直接经验与我们所讲述的故事之间的区别。有一篇佛教经文要求修行之人辨别“所见到的，就只是所见到的；所听到的，就只是所听到的”。我们可以用正念来解构我们的信念。运用细心的注意力，我们可以从添加的想法、感知和反应性层面中梳理出实际事件（环境中的具体数据）的全貌。

清楚地认识到这种差异可能会有深远的意义。我们有许多最痛苦的核心信念和心理模式都源于一些看不见的、未被质疑的故事，关于我们是谁，其他人如何看待我们，或者生活可以提供什么。

这个过程的基本组成部分是尽可能直接地确定发生了什么。要确定某件事是否是一种观察，问问你自己："这可能被拍摄下来吗？"摄像机记录运动和声音，但它无法记录某人"表现冷淡"，无法证明某人"从不"或"总是"做任何事情。你无法分辨摄像机记录的是某人"无视我"，还是记录一个人从另一个人身边走过，而眼睛却看着前方，目不斜视。

观察的另一个关键指标是它可能引起防御的可能性。请记住，如果我们对建立理解感兴趣，那么我们的总体目标是使用语言来建立联系。你怎样才能中立地陈述这件事，让对方承认你的观点而不会提出异议？"当我看到你走进来，打开电视"相比于"当你无视我时"引发争吵的可能性要小。

用于训练注意力进行观察的非暴力沟通的经典形式："当我看到/听到……"从代词"我"而不是"你"开始，将注意力焦点从对方身上转移到我们的直接经验上。诸如"看见"和"听到"之类的动词可以帮助我们专注于具体的事件，而不是我们的解读（这也表明我们对事件的记忆可能会有所不同）。

以下是进行观察的一些提示：

用正念来辨别所发生事情的原始数据。

将你实际知道的东西与假设或解释分开。

检查确认，问问自己：“这可以被拍摄记录下来吗？”

避免夸大或解释的词：总是、从不、永远、无论何时、很少。

以第一人称陈述你的经历：“当我看到/听到/注意到……”而不是“当你说/做了……”

确定你是否会对对方承认这件事而不增加防御的戒心。如果不能，那就进一步完善它。

以下是区别评价与观察的一些示例，评价性术语以斜体表示，思考一下：哪个更有可能或更不太可能建立理解？

评价	观察
“你很少准时回家。” *“你总是迟到。”*	“我注意到在你说你会……之后二十分钟才回到家。”
“你真了不起。”	“当我看到你所取得的成就时……”
“当你对我无礼的时候……”	“我听你这么说的时候……” “当我听到你说‘随便吧’，然后把目光移开……” “当我看到你脸上出现这种表情的时候……”

一旦我们做了观察，就会把它与自己的内在经历联系起来——通过我们的感觉和需求来分享内心的感受。这三个组成部分——观察、感受和需求，提供了一幅简单的地图来表达我们的意思，向内识别与向外分享我们的行为。发生了什么事？你怎么看这件事？为什么？训练我们的注意力以识别这些特定的组成部分可以为我们提供清晰而有力的信息来陈述我们的经验。

练习：具体化

想想最近发生的一件具有一定积极或消极意义的事，考虑以下问题：

观察：发生了什么事？尝试尽可能说得具体些。如果你把这件事告诉对方，他们是会同意你的描述还是会产生戒心？

感觉：你感觉如何？你内心有什么情绪？将责备的想法或虚假的感觉词汇视为揭示你的情绪的信息。

需求：什么是重要的？对于每一种情绪，都要在内心倾听，并把它与你的需求联系起来。尝试去认识什么是重要的，这取决于什么才是你真正想要的，而不是你不想要的。

这样的反思是否让你变得更清楚，或者改变你与他人讨论这些事情的方式？

观察的部分要认识到，对一种情况往往会有不止一种看法，

而且我们的观察几乎总是受到我们主观经验的影响。有一则著名的佛教寓言说明了我们的观点是多么有限：一位国王召集了一群盲人，让他们分别摸大象身体的不同部位。一个人握住耳朵，另一个摸到了象牙，第三个抓着尾巴，如此等等。当被问及他们是否知道自己摸到了什么东西时，每个人都充满信心地回答："这是一个篮子……""这是一只犁具……""这是一根绳子……"

假设我们看到了整个情况，可以非常确定自己的观察结果。这超越了个人层面，在这个层面，我们的优势点根据我们的主观个人经验而各有不同；而在集体层面上，我们对系统性压迫、权力和特权的不同体验可以产生不同的观察结果。例如，我自己的特权会让我对某些群体的动态视而不见。在一次会议上，一位女同事委婉地指出，我发言太快，反映出我对自己社会地位所固有的权力动态缺乏认识。当时是我观察到了会议上有一段沉默，于是说话了。而她当时观察到，在场的有色人种都没有说话，只有一名白人男性在短暂的沉默之后发言。我只是从个人的角度看问题，而她用更广阔的视角观察问题。鉴于白人男性的声音在社会的几乎所有方面都占主导地位，我选择首先发言从系统的角度和从个人的角度来看，理解会是非常不同的。

不仅我们的观察结果不同，而且我们对其影响的解释——我们赋予它们的意义，也会因环境的不同而大不相同。我的一名女学生最近抱怨说，她所在的律师事务所出现了这样的情况——一位男性同事经常主动向她提供一些她不需要的帮助。他从个人角度观察自己的行为，轻率地意识到自己有帮忙的意愿。她体验他的行为则是从男权压迫女性的集体历史视角出发的，在一生被男人视为低人一等的背景下，她可以看到他的意愿，但他对自己行为的影响视而不见。为了充分建立相互了解和处理这种情况，他可能需要了解承认她的参考框架，并在更广泛的背景下理解他的行为。同样，有些人可能把一个非裔美国人的成功，比如巴拉克·奥巴马、奥普拉·温弗瑞（美国著名女脱口秀主持人）视为美国梦和消除种族主义的证明，而另一些人则将同样的观察结果视为在更大的斗争背景下取得的非凡成就。所以，以谦逊的态度看待一件事，认识到其他观点的可能性，有助于开阔我们的视野，为更多的理解打开大门。

推论阶梯

当不了解我们的解释（以及我们所依据的语境背景）时，我们倾向于把它们当作事实来陈述，而将我们看待事物的方式视为现实。这就可能会引发争论，导致几乎没有对话的空间。

为了进行有效的沟通，我们需要研究感知整个过程，在这个过程中我们的感觉和需求如何影响事件，就像我们把敏锐的观察力带到我们周围的具体事件上。我们也可以将彻底的诚实带到我们为一种体验添加的解释上。我们对自己的判断和评估越清楚，表达自己的方式就越灵活。

克里斯·阿吉里斯是哈佛商学院的著名商业理论家和作家，

他设计了一个被称为“推论阶梯”的视觉隐喻，用以说明我们如何进行解释并跳到结论的过程。

你可以从图6中看到他的模型的一个版本。在阶梯的底部是所有观察到的数据：构成我们生活的大量图像、声音、想法、感受和感觉（内心事件，如想法和感觉，也是这些数据的一部分，因为观察我们的内部经验对于熟练的沟通交流是必不可少的）。从这些信息中，我们的大脑会自然地选择某些相关数据。例如，如果我们在一家餐馆里进行对话，我们会把注意力集中在对方的话语上，过滤掉其他对话和周围的声音。

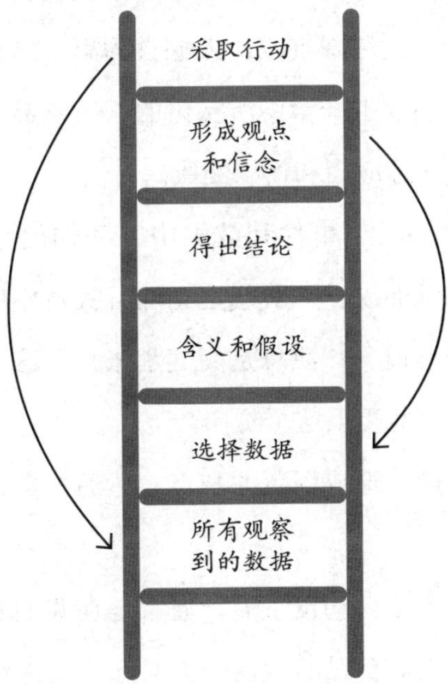

图6　推论阶梯

然而，我们往往会倾向于根据我们的观点和偏见来选择数据。消极偏见就是一个例子，在消极偏见中，我们更多地关注环境中的感知威胁。比如典型的室友关系，喜欢整洁的人通常只会注意到室友与他们对干净的偏好不一致的行为，而忽略了他们整洁的地方，或者在其他方面做出的贡献。这种选择过程本身就是一种解释的形式，歪曲了我们的观点。

加强恋爱关系的一个重要组成部分是通过关注存在的美好的事物来对抗这些倾向，建立如心理学家和作家约翰·M.戈特曼所说的“喜爱和赞赏”系统。我们伴侣的行为、行动或性格中是否存在我们认为理所当然的积极方面？如果我们更有意识地关注这些品质，而不是只关注困难或让人恼火的事，这会产生什么样的效果呢？正如我们在上一章中所探讨的，欣赏品味美好的事物也能改善心理健康、适应力和情绪健康。

从我们选择的具体事件和数据中，我们的大脑开始做出含义和假设。西尔维亚说：“我想这意味着我就不应该到这里来静修。”禅修者分享道：“我总是高度紧张。”这个过程就像猴子爬树一样毫不费力地爬上这个阶梯。

我们得出结论，形成固定的观点，然后根据这些信念说话或采取行动。

整个过程一般是自动发生的，通常是在我们的意识范围内。从定义上说，我们对自己的假设一无所知。正念练习教会我们更仔细地观察这些知觉内部运作的方式。它拉开了帷幕，让我们看到了意识的向导在操纵我们的经验，并将我们的经验形成构成我们生活的简洁类别。

此外，正如你在图6中所看到的，这个过程具有反馈循环。我们的观点和信念使我们更有可能选择某些数据。我们的选择和行为会影响我们所能获得的数据，决定我们会花时间和谁在一起，参加什么事件或活动，等等。

这个过程也会集体发生。新闻和娱乐媒体是强大的社会过滤机制，根据销售情况选择和呈现数据。推动社交媒体的算法创造了网上“过滤气泡”，让我们只能接触到确认我们先前存在的观点的信息。这些偏见的影响根植于我们的意识中。想象一下，一个年轻的同性恋者，当他们的学校里没有一个班在庆祝LGBTQI成人的例子，或者那些来自贫困家庭的人只在电视上看到经济上成功的故事时，会受到怎样的影响。

这个过程在我们的生活中如何运作，影响是巨大而深远的。这些过滤器缩小了我们的视野，通过消除建立多样化关系的机会，加剧了恐惧和对抗。正如马丁·路德·金在1962年的一次演讲中所说：

我坚信，人们之间彼此憎恨，是因为他们害怕彼此。他们彼此害怕，是因为他们彼此不认识；他们彼此不认识，是因为他们彼此不交流；他们彼此不交流，是因为他们彼此分离。

我们可以使用推论阶梯来激发我们的意识。当我们陷入冲突之中时，通常是站在阶梯的高处，困在对彼此、我们的动机或意愿的看法中。当我们试图理解他人的行为时，痛苦的情绪也会驱使我们沿着阶梯往上爬。不同“梯级”之间的具体的区别并不重要，重要的是意识到我们自己在阶梯上的位置有多高，并且熟练掌握回去的技能，这样我们就可以做出对方也会认可的观察结果。

练习：使用阶梯

在你的一天当中，留心注意你内心的想法叙述。当你注意到对自己或他人的解读处于更高的阶梯上时，看看你是否能够再回来。你做出反应的实际事件是什么？

注意对话。注意你或其他人什么时候处在了阶梯上更高的位置。具体有哪些数据点？将对话转移到这些细节上而不是解读上会有什么影响？

转化负面评价

从梯子上下来并不总是那么容易的，尤其是带着强烈的、消极的解读。以其原始的形式，这种被动的判断很可能会使我们陷入争论。我们可以摆脱它们的控制，通过从具体的观察、我们的感受和与之相关的需求中分离出判断，走出责备游戏。这为我们提供了更多与其他人交谈的选择，也改变了那种往往会使我们很难听到对方的责备的叙述方式。

原则

将判断转化为观察、感受和需求，可以判断哪些是有效的、哪些是无效的，产生有价值的信息，为如何前进提供线索。

在训练自己进行观察的同时，我们也在培养对诚实的承诺。当我们考虑观察和评价的区别时，哪个是真的？他是不是真的“很粗鲁无礼”？还是说更真实的情况是，他做了或说了一些你不喜欢的事情，不符合你对尊重的需求？是说“你从不深情”还是说“你不如我想要的那样深情”更准确？如果我们以这种方式说实话，那么争论就少了，彼此之间有更多倾听的空间。

转化负面评价的第一步是认识到我们的评价，并将其视为重要的信息。判断和评估只是我们学会在内心世界交流的一种方式。它们反映了我们自己未满足的需求。

练习：转换判断和评价

使用这个练习来处理你对自己或他人的判断。从一个不太难的情况开始，感受一下这个过程。你可以使用这个活动来为对话做准备，或者当更加熟悉的时候，可以使用它来进行对话。

首先是调整你的思想，开始意识到自己的呼吸。尽可能真诚地用你从好奇心与关怀出发的意愿建立联系。回想一下你最近对一件事情的判断，然后大声说出或写下你的评价、判断，让自己真正感受到它。如果有很多，那就只选择一种进行探索。记住，这是一条有价值的信息，它表达了对你重要的事情。

调查：实际的事件是什么，即你对它做出的直接观察是什么？如果有多个，请选择一个首先关注的。

观察：你能否尽可能清晰、中立地进行观察？这能够被拍摄记录下来吗？对方会没有争议地接受吗？

感觉：你对这件事有什么感觉？在这里花点时间，让自己充分感受一下。如果最初的判断回来了，或者新的判断出现了，那就承认它们，回去感受你的情绪。

需求：倾听你内心的需求。在这里什么对你是重要的？什么是你真正想要的，是否有与不同的情绪相关的不同需求？仔细筛选，直到你找到一两个核心需求。你渴望的是什么？

反思：回顾你的观察、感受和需求。这如何影响你对事件的体验？对你的任何其他判断重复这个过程，一次一个。

理想情况下，我们会在说话之前把我们的评价转化成观察、感受和需求。尤其是在我们非常痛苦的情况下，我们无法完成转化的工作。在这种情况下，从朋友或导师那里寻求同理心会有所帮助。有时候，一个值得信任的伴侣可以帮助我们识别我们的情

绪，以及在这些情绪下所激发的强大的价值观。

如果我们仍然无法进行观察（或者如果我们没有时间或精力进行观察），可以通过承认评价的主观性来承担责任，从而为其他人的经验留下空间。换句话说，我们可以观察我们自己的评价。以下是一些示例，说明我们如何将观察和评价分开，对评价或判断负责：

◎“当我听到你这么说的时候，我告诉自己，你在评价我。”

◎“当我听说你愿意提供帮助时，我觉得你太善良了。”

◎“我很少见过他毫不犹豫地做出决定。”

◎“我发现他很有吸引力。”

◎“我觉得她很棒。有了她对会议的帮助，我们就能完成议程。”

◎“我认为他在这个职位上待不了几个星期。”

◎“我不记得他什么时候能在没有旁人提醒的情况下坚持下来。”

赞扬、反馈和感激

将判断转化为观察，感觉和需求是一个灵活的模板，可以为我们生活的许多领域带来清晰、丰富和意义。赞扬是积极判断的一种常见形式。虽然赞扬可能让人感到很愉快，但我们能从被赞扬中学到的东西却很少。更重要的是，赞扬一个人，其实是把他凌驾于另一个人地位之上，认可这个人行为的价值。相反，我们可以说出我们正在庆祝的具体行动，以及我们的哪些需求得到了满足。

赞扬：“干得好！你太厉害了。”

转化：“当我听说你完成这份工作时，我对你所取得的成绩感到万分惊叹。”

我们还可以使用这种格式来给彼此准确的反馈，分享什么是有效的，什么是无效的（观察结果），以及原因（我们的需求）。在专业情况下，根据团队共享的价值或目标来确定需求通常是最有用的。

原则

给出反馈时，要明确什么是有效的，什么是无效的，为什么有效，这样更容易了解。

在亲密关系中，我们可能会用温柔的字眼“我爱你”来表达我们的喜悦和对彼此的关心。虽然这可以表达某种深度的感情或承诺的力量，但加以阐述可能更有意义。我们是什么意思呢？是否有某些特定的特征、话语或行为会让我们对其做出反应？我们实际感觉是怎么样的，为什么？想想这样一句话的丰富内涵，比如：“当你牵着我的手时，我感到非常安全、温暖和自在。我很高兴有你成为我的人生伴侣。”

当我们的需求得到满足时，我们就有机会表达我们的感激之情。这种做法为我们提供了一种方法，让我们敞开心扉，通过分享别人对我们生活的帮助与贡献来庆祝我们的关系。我们可能必须得超越自己的舒适区，才能如此坦率而真诚地说话，但这样做是值得的，能够带来丰富的联结，提高沟通的质量。

练习：表达感激

下次有人做让你喜欢的事情时，要告诉他们，让他们知道。不要说“谢谢”，要敢于冒险，充分分享你满满的感激之情。具体说明他们说了什么或做了什么，你的感受，为什么。发自内心地说。着重于说明为什么这很重要或它如何对你有帮助，而不是简单地流水账式地陈述。

当我们学习这些工具时，通常会开始认为存在一种“正确”的沟通方式。“别再称赞我了……那是一种评价，而不是观察！你正在使用一种虚假的感觉！”我们越是认为有正确和错误的说话方式，我们就越远离了真正的好奇心和关怀。

这些练习的重点，是以完善我们的思想和塑造我们的语言为最终目的的，是为了在满足需求的过程中建立理解和联系。如果你发现自己在想，“这是一种观察吗？我在正念沟通中能这样说吗？”这时，退后一步，重新联结你的意愿。考虑一下，“对方会怎样接受这件事？它有可能导致联系并建立理解吗？”如果答案是肯定的，那就去做吧！如果不是，那就找另一种方式来真实地表达自己，让对方更有可能听到。

说话的勇气

大声说出我们的观点并不是那么容易的事情。我们可能有过困难的经历，感觉不被看到或听到，甚至可能主动地选择了沉默。我们可能需要耐心、勇气以及来自朋友的支持才能发出自己的声音。

认识到这些挑战的根源——内部或结构上的，可以让我们得到释放。凯伦的工作是关注可持续发展和农村发展问题。她很擅长自己的工作，但她发现，在工作中寻找自己的需求并表达自己是一件很有挑战性的事情。在经过一次辅导之后，她意识到，在成长过程中，她的家人一直在否定她的观点。她已经学会了对自己的经验不信任，产生怀疑。这种认识帮助她开始治愈挫折之下的痛苦，为自我表达开辟了新的可能性。

我提到了自己在说话表达自己方面的困难。在接触非暴力沟通的同时，我学会了唱歌和弹吉他。它们的协同起了作用，帮助我从字面意义和象征意义上找到自己的声音。当我唱歌的时候，我能感觉到我的喉咙和胸部的收缩，开始放松，这种放松延伸到了人际关系领域，给了我勇气去分享我的感受和需求，并弥合我和他人之间的鸿沟。

对自我表达的个人挑战往往因结构性问题而复杂化。当我们属于一个在历史上一直受压迫的群体时，常常会将几代人因表达诉求而被系统地忽视、惩罚甚至谋杀的影响内在化。可悲的是，这可能会使我们这个社会中那些最需要被听到声音的人们没有办法大声发出自己的声音，并将这种隐身和压迫的循环持续下去。

对我们个人生活经历的背景有一个批判性的认识，可以带来强大的鼓舞和洞察，使我们从任何个人的失败感中解脱出来。我们可以寻求支持来治愈这一遗留下来的内在痛苦，并与他人合作，改变那些使我们无法被听到的动态的系统。这需要时间，需要稳定的支持来克服外部和内部的障碍。尽管如此，即使是根深蒂固的模式也可以改变，取而代之的是极大的自由和清晰的自我表达，以及对每个人解放的承诺。

总结

清楚地陈述所发生的事情，而无须做出判断或评价，这会让别人更容易听到我们的声音并寻求解决方案。

将判断转化为观察、感受和需求，可以验证哪些消息是有效的、哪些是无效的，可以产生有价值的信息，为如何前进提供线索。

给出反馈时，我们要明确什么是有效的，什么是无效的，为什么有效，这样更容易了解。

关键点

进行观察的建议：

用正念来分辨所发生事情的原始数据。

将你实际知道的东西与假设或解释分开。

检查确认，问问自己："这可以被拍摄记录下来吗？"

避免夸大或解释的词：总是、从不、永远、无论何时、很少。

以第一人称叙述你的经历，"当我看到/听到/注意到……"而不是"当你说/做了……"

确定你是否有信心会对对方承认这件事而不会增加防御的戒心。如果没有，那就进一步完善它。

使用推论阶梯来考虑你是在观察还是在评价。

问&答

问：我有一个亲戚，他很暴躁，一不高兴就大喊大叫。我该如何与他沟通而不会让他更加生气呢？

答：我听你说你很想找到一种方法和这个人谈话，并且尽量减少激怒他的机会。不论我们怎么说，我们都无法控制他人的反应。我们所能做的只是出于良好的意愿，尽可能巧妙地处理这种情况。

你可能想由从朋友那里得到同理心开始。如果你感到被倾听和理解了，你就可以使情况更加清晰和平衡。然后找个时间，在没有发生这种情况的时候，跟他们谈谈他的这个行为模式，这样他能听到你说话的可能性就会增加。我建议你以你对这段关系的欣赏、喜欢之处开头，或者根据你想要建立的目的来构建对话。

例如，“我非常希望我们能够以一种轻松的方式在家庭聚会上共度时光”。

在处理模式时，从一个特定的实例开始。为了进行观察，你可以参考自己的方式或偏好来描述他的行为：“你表达自己的某些方式让我听起来很困难。我感到害怕和不知所措。我们能谈一谈，如果我们意见不一致，事情该如何处理吗？”听听他的想法，看看你们是否能一起想办法，共同引导事情的发展走向。

问：当我陈述观察、感受和需求时，我真的觉得非常尴尬。甚至是当我设法想将它们说出口都感觉很不自然，这导致沟通交流反而更少而不是更多！

答：形式是一个框架，而不是脚本，没有必要拘泥于此。以任何让你感觉真实的顺序使用这些组成部分，要认识到要使它们成为你自己的，为你所用，是需要花时间的。我们正在重新训练我们的注意力，以便看得更清楚。刚开始时，可以自由地坚持这些原则，并且只需悄悄地追踪这些组成部分就可以了。

卢森堡喜欢说：“不要将习惯与自然混为一谈。”我相信，对我们来说，意识到自己的感受和需求比互相指责更自然。我们是学会了责怪和判断，但当婴儿饥饿或痛苦时，他们会哭，却不会责怪父母。这些词感觉不自然，是因为我们没有练习过。

问：如果我不能转化评价该怎么办？我看到了自己在进行评估，甚至在某种程度上意识到了自己的感受和需求，但我仍然在

内心责怪对方。我该如何应对这样的困境呢？

答：有时候责备让人感觉很真实。评价的力量与我们的感觉和需求的强烈程度成正比。我们的情感越强烈，需求越深刻，我们的评价就越激烈。这是我们的思想和内心在让我们知道："嘿！这真的很重要！"

获得同理心是转化这种能量的最好方法之一。找一个真正能听你倾诉的人，能真实地反映你的经历，而不是同意、安慰你，试图解决问题或制定策略的人。在某些情况下，取决于你们的关系，你可能会从你所评价的人那里得到支持。如果他们有一些工具，你可以承认你被困在了评价判断中，向他们请求帮助。如果他们能够倾听并提供同理心，那将是非常有益的。

问：你如何与那些不承认某些事实，拥有不同数据或"另类事实"的人打交道？当问题的一部分是你们甚至不能就一个观察达成一致意见时，该如何进行对话？

答：如果这些工具只有在我们意见一致的情况下才有效，那么它们将是非常有限的。它们的力量在于在任何情况下创造联系的可能性。关注需求。在共同的价值观上达成一致使我们能够进行有意义的对话。真正的工作是为我们设计的解决方案建立共同的框架和标准。例如，如果我们是决策者，无法在气候变化的问题上达成一致，那么我们仍然可以探索可行的经济政策，合理使用资源等的需求。

当我们深切关注这些问题时，这样的对话在本质上是具有挑战性的。因此，提前做尽可能多的内心工作很重要。对于你对他人观点的影响所带来的任何痛苦、恐惧、绝望或愤怒，要有同理心。试着去观察他们的人性，用同理心去扩展你的胸襟；试着去理解他们的选择，去触及更深层次的、在表面上看起来可能是不可理解的需求。这样可以建立起一座彼此聆听的重要桥梁，并可以避免我们退回到反应性中。

你也可以直接探讨分歧。你可以这样问：“我想我们都很关心拥有准确的信息，我们都认为良好的数据可以帮助我们做出更明智的决定，是吗？”我想大多数人都会同意。你可能会继续说：“我知道，对我来说，我的一个担忧是认为你的数据带有偏见性，我猜你对我展示的东西也有同样的担忧吧？”从这里开始，你们可能会就共同关心的问题和检查数据的策略展开更丰富的对话讨论。

问：有时我不愿意做出中立的观察，尤其是当有人造成伤害的时候。如果有人说了什么种族主义的话或做出了轻微冒犯行为，我为什么要在乎他们会不会因为我的态度而感到难过或变得防备呢？

答：我听到了你对完全真实的坚定承诺，以及你对他们的感受或反应不承担任何责任的明确认识。我猜想，在这种互动中，个人层面之下种族主义的历史动态加剧了所有这些情况。

进行中立的观察并不意味着要贬低一个人的真实性或要“变得友善”。也不是要照顾对方或小心翼翼地对待他们的感受。中立地说话是一种满足需求的策略——理解、清晰、联系的需求。

如果你的目标是给这个人一些诚实的反馈或者通过对话改变他们的行为，那么问题就变成了：什么是最有效的？什么最有可能创造理解并激发改变？当有人做了伤害我们的事情时，我们往往会做出反抗，即把这种痛苦直接扔回给他们。这些工具提供了一种方法来分享你的经验，以打开别人的心，并促使他们对自己的想法做出改变。它是为了在做到完全真实和关怀的同时，不带责备地分享你内心深处的感受。

观察可以帮助你达到这个目的。

第十一章 若你想要，请提出来

人的手必须打开去接受，也要去给予和触摸。人的心也必须打开，才能给予，去触动另一颗心。

——琳内·特威斯特（慈善家、全球NGO计划领导人）

不久前，我与一名患有慢性疼痛的冥想课学生莱拉进行了交谈。她和父母住在一起，正准备搬家。她需要收拾物品，但她身体的病痛却忽然发作，关节和肌肉剧烈地疼，躺着都不行，更别说收拾箱子或搬东西了。

听完之后，我表示了自己的同情，问道："莱拉，我可以问你一个问题吗？你为什么不找你的家人或朋友帮忙呢？"

我觉得这是很平常的事，但她居然从来没有想过这个问题。在接下来的对话中，我们一直在探索那些使她对这种最基本、最简单的可能性都一无所知的信念，我能理解她的抵触。儿时，在家庭聚餐的时候，我经常觉得自己是个不被关注的人，我花了很多年的时间，才鼓起勇气大声说出来，让别人倾听。

能够提出请求是训练我们的注意力聚焦事情关键的最后一个核心组成部分。在对话中，请求可以推动事情一步步向前发展，建立理解并提出可能对每个人都有用的解决方案。在这一章中，我们将探讨我们可以提出的不同类型的请求，以及阻碍我们提出请求的限制。

需求的礼物

◎ “我不想强求，我不想给他们带来负担。”

◎ “我能处理好的，我可以的。”

◎ “这没什么大不了的，我不想让他们觉得自己有义务……”

有的时候，我们会觉得一个人独自承担起自己的负担比尝试着去应付寻求帮助的尴尬、恐惧或不适要更容易。我们的初衷可能是很好的：不希望别人觉得自己有义务帮助我们。我们尊重他们的自主权、时间和精力，确保他们可以自由地说“不”。

这些价值观不一定会阻止我们提出请求。事实上，它们反而使我们能够提出支持协作的真正有效的请求。当我们无法顾及他人的需求时，就会提出要求。由于我们缺乏表达这些价值观的技巧，以及驾驭回应的能力，才会让绊脚石存在。同样，如果我们不能想出一种以上的策略来解决问题，那我们的请求可能会带有绝望的性质，从而挑战对方的选择感。在这一切的背后，我们的恐惧、信念和脆弱性会阻止我们提出请求。

提出请求就是要寻找满足需求的方法。提出来就是承认我们之间的相互依赖，这也使我们更容易面临失望或拒绝。我们可能有过那样的经历，这让我们知道，要求我们所需要的东西可能是危险的、可耻的，或者是徒劳无益的。那为什么要去费这个劲儿呢？或者我们可能已经认识到，给予是满足我们需求的唯一途径，或者说，来自他人的帮助只是隐藏的目的和附加的条件。

正如我们所探讨的那样，我们对自给自足的文化神话的信仰或个人成就的理想化，会进一步限制我们寻求支持的能力。在集体层面上，根深蒂固的制度会使我们产生徒劳无功和绝望的感觉，或者使暴力看起来像是一种可行的策略。这些信息和经验往往使我们在如何满足自己和他人的需要或如何努力改变的问题上，面临复杂而混乱的关系。

看到我们的文化、社会和教养如何扭曲和复杂化了我们最基本、最美好、最自然的冲动之一——给予和接受的冲动，我的心都碎了。花时间和孩子在一起（他们休息得很好，吃得也很好），你就会知道他们在给予、分享和帮助他们周围的人时所感受到的快乐。

互相帮助是我们最基本的动力之一，这样做会带来快乐。想一想，当你做一些简单的善意举动时，比如扶门、微笑或问候别人时，你会感觉到什么是轻松或振奋。回想一下你上次帮助一个有需要的朋友的时候——不是因为你必须这样做，而是因为你可以这样做。感觉很好，对吗？

需求不是累赘，而是礼物。当我们能尊重彼此的时间和精力的限制时，所有需求都将成为邀请人们体验给予和接受的喜悦的邀请函。

练习：反思给予和接受

反思给予和接受的感觉，可以改变你与你帮助或帮助你的人的关系。花一些时间让自己的身体安顿下来，让你的注意力集中在呼吸的感觉上。当你准备好了，思考以下问题：

回想一下你在生活中帮助别人的一次具体的经历，不是因为你觉得有义务，而是因为你想这么做。想一想伸出援手的感觉，再来回想一下如果你知道他们需要帮助却没有伸出援手，你会有怎样的感受？

接下来，再回想一下，当你需要帮助的时候，有人在你身边帮助你，你相信他们的帮助不是因为他们觉得有义务，而是因为他们真正选择了帮助。得到他们的支持是什么感觉？

现在，你认识到了自由给予和自由接受的感觉，那么当你需要帮助的时候，是什么阻碍了你的请求呢？

一个小秘密

在我二十岁的时候，一个好朋友告诉了我一条他从父亲那里得到的忠告。高中毕业后，他的父亲说：“我要告诉你一个人生小秘密：若你想要，请提出来。”

这就是提出请求的核心原则。

提出明确的要求很少见。聆听任何一段对话，看看说话者有多少次是通过询问他们希望听到什么回应或看到接下来发生什么来结束发言的。有多少次，你和别人分享了一些重要的事情，结果对方却把谈话引向了另一个完全不同的方向？如果不告诉对方我们想要听到什么样的回答，他们就只能任由自己去猜测，或者是想怎么回应就怎么回应。

原则

我们越清楚自己想要什么，为什么想要，我们就越有创造力去实现它。

相比之下，在陈述之后提出请求会让其他人知道他们可以如何提供帮助，并为接下来的对话提供具体的思路。提出请求的力量是很有启发性的。正如我的一个学生所评论的那样："最令人沮丧的是，我意识到，我没有得到我想要的东西，仅仅是因为我没有让别人知道我需要什么。"

请求是关于一个人是否愿意采取具体行动来满足需求的问题，它是一种策略。

"不要洒"：提出请求

前段时间，我在机场等待登机，看到一位母亲带着两个小女孩。大一点的孩子，不到六岁，正拿着一大杯饮料，用吸管在吸。这时，母亲用激动的声音对她说："别洒了！"

于是我看着小女孩焦急地紧绷着身子，试图弄清楚如何通过"不洒"饮料来防止对方进一步的斥责。

如果妈妈说："宝贝儿，这么一大杯饮料，我担心会洒出来，你能用两只手小心地端住它吗？"有了这样的请求，女儿就会有具体的指示知道该怎么做，从而更清楚、更容易地满足妈妈这个请求。

请求可以衡量对方是否愿意帮助或同意我们的策略，为了尽可能地明确这一点，最好用以下三个性质来表达请求：

◎ 正面：请求表明我们想要什么，而不是我们不想要什么。

◎ 具体：请求是具体的和可行的，而不是模糊或抽象的。

◎ 灵活：请求与需求不同，它提供了一个关于向前进行的建议，并对其他想法持开放态度。

提出请求可能很有挑战性，但我们已经在培养这样做的技能。我们提出正面的请求的能力基于我们识别需求的能力，然后提供可能满足这些需求的策略。提出一个具体的要求，取决于我们是否有能力找到我们所追求的明确的观察，具体的行为。请求的核心是灵活性，这种灵活性来自对我们的需求的理解，对他人的需求保持敏感，并具有足够的创造性，找到不止一种策略来满足当前的所有需求。这里有几个例子可以说明这些性质。

不正面："别那样跟我说话！"

作为请求："你愿意放低你的声音，或者我们可以休息一下吗？"

不具体："你会更加爱我吗？"

作为请求："当你回家的时候，你能不能试着记住看着我的眼睛说：'你好吗？'这对我来说有很重要的意义。"

不灵活："我们得谈谈。"

作为请求："我们能不能找点时间一起坐下来谈一谈？如果不能，你对我们如何解决这个问题有什么想法吗？"

练习：倾听请求

在你的一天中，注意有没有过请求。人们（包括你自己在内）有多少次会让别人知道他们希望听到的回应？什么时候是暗示的？当一个人提出请求时，它是正面、具体的吗？

请求的种类：寻求同理心

对话中的请求有两种基本类型：旨在建立联结的请求和提出解决方案的请求。联结请求会检查连线是否未断开，实际上是在说："你还在吗？"因为完成了一个沟通的循环，确认发送的消息已被接受，并为信任和善意的种子浇了水。解决方案请求提出了具体的策略，以解决我们双方的需求，并就之后的发展达成一致。

在简单的情况下，解决方案请求可能就足够了——“这个怎么样？你有时间做吗？”对于更具挑战性的问题，我们需要在讨论解决方案之前打好基础。毕竟，对方的合作意愿取决于我们建立的理解和联系的质量。在第七章中，我们谈到了在提出解决方案之前建立理解、信任和善意的重要性。

原则

我们彼此了解得越多，就越容易找到适合所有人的解决方案。因此，在解决问题之前，要建立尽可能多的相互了解。

当根据语境或肢体语言看不出来对方是否理解，当事情特别紧张，或者我们觉得被理解很重要时，请求对方进行反思是很有帮助的。

这里有一些例子。

要求反思/同理心的联结请求：

◎ “你能告诉我（从我说的话中）你听到什么吗？”

◎ “我不确定自己完全懂了。你的理解是什么？”

◎ “你能告诉我你觉得什么对我很重要吗？这会让我感到自己被理解。”

◎　“我想确保我们的想法是一致的。你从中得到的理解是什么？”

要求得到回应/信息的联结请求：

◎　“你听到所有这些做何感想？”

◎　“你怎么看？你对这件事有什么感想？”

◎　“我能说或做些什么，可以让你感觉更加被了解吗？”

提出联结请求并不总是很容易，也不一定会很自然。一开始你可能会觉得很尴尬，这需要练习。然而，随着时间的推移，让对方知道我们有兴趣彼此倾听对方的意见，可以成为一种强大的沟通方式。

在我二十多岁的时候，由于我坚持使用这些工具，我和父亲的关系变得非常亲密。我向他解释我多么希望他能更多地了解我的生活，以及让他听我说话是多么有意义。他表示同意，但又不可避免地打断我，提出建议，或者解释为什么我“不应该有这种感觉”。我耐心地听着他的回答，然后提醒他，对我来说，最有益的是他专注地倾听。他听着听着，我就会时不时地看看他是否还在听。每隔一段时间，我都会问他对我分享的内容有什么感受。在感到自己被倾听之后，我通常会更愿意接受他的建议。

我与家人建立联结的尝试并不总是那么优雅和理想。我早期尝试非暴力沟通失败的另一个人是我的祖父。我叫他萨巴，他在波兰长大，十几岁时搬到了当时的英属巴勒斯坦。当我认得他的时候，他已经几乎双目失明了，住在他为家人建造的房屋中。

我最后一次见到萨巴的时候，我坐在他的床边，我的父亲翻译。我向他分享了我有多爱他，以及我回家后会有多想念他。我小心翼翼地用请求的口吻结束每句话，问他听到我说了些什么。过了一会儿，祖父的脸色变得非常阴沉，显然很不高兴。我问："怎么了？"父亲解释道："他说他不是小孩子，他能听明白你在说什么。"

在我热情地建立联结、克服翻译的尴尬和跨文化交流的过程中，我没有意识到祖父其实听得很清楚。对于什么时候需要反思，什么时候需要回应，什么时候需要相信自己的直觉，什么时候顺其自然，我还没有形成一种直觉。如果我能回到过去，我会直接说出我的心声，然后问他两个问题（两个都是联结请求）。首先，"听到所有这些，你是怎么想的，萨巴？"然后是"你有什么想让我知道的吗？"

最后，我们解决了这个问题，我向他道歉并解释了我的来意，我相信他听出了他那陌生的，来自美国的孙儿有多爱他。

练习：提出联结请求

说话的时候，考虑一下你想从对方那里得到什么。你想要被倾听和理解吗？你是否充分相信这种情况的发生？如果不是，就试着大胆地要求反馈。例如“你知道我的意思吗？”或者是具体的“你从我刚才说的话中理解了什么？”如果你想知道对方内心的反应，就直接去问吧。

相信你自己有能力判断出对方的理解和联结的程度，从眼神交流、面部表情和肢体语言中读出线索。当你提出联结请求时，可以以一种对你来说很自然和真实的方式来进行。如果是你身边的人，你甚至可以告诉他们你正在尝试新的东西，问他们是否愿意和你一起。

当我们无法达到更深层次的人际关系时，在制订具体的策略之前，仍然有必要讨论某种情况下的潜在需求和目标。如果不了解我们双方的关键风险所在，我们所创造的解决方案就不太可能解决所有的因素，也不太可能产生真正的意愿。因此，从建立相互理解到解决问题的转变过程是关键。

寻求解决方案的请求

◎ “还有什么事吗？你还有什么想让我了解的吗？”

◎ “现在可以开始讨论我们接下来要做什么了吗？”

◎ “你知道有什么会对我们双方都有用吗？”

在探索策略时，我们越有创造力，就越有可能找到可行的解决方案。当你达成协议时，为了最大限度地获得成功，一定要确认对方是否有任何顾虑或保留意见。

原则

对于满足尽可能多的需求的策略有自己的想法，这也会让其他人寻找创造性的解决方案。

我桌子上的花

请求最本质的组成部分是请求背后的意愿。请求包含一个灵活性的内在方向，它考虑到另一个人的需求，并且与要求不同。本质上它是一个提议："这个怎么样？"这是对话的延续，是我们对接下来要做什么的最佳猜测。另一方面，要求是对话的结束，当我们看不到其他选择的时候，我们就会用强制或胁迫的手段来达到我们的目的。请求是邀请合作，要求则是结束对话。我们可以通过声音的变化或特定的词语来表明请求的协作性质，表明我们愿意探索其他选项，并希望了解关于他人需求的信息。以下是一些可以开启请求的示例：

◎ "你愿意……吗？"

◎ "你能……吗？"

◎ “你觉得……怎么样？”

卢森堡有一种诗意的方式，捕捉到了提出请求的精神：“请他人满足你的需求，犹如摆到桌子上的花，而不是吸进肺里的空气。”如果我带着绝望渴求你去做一件事，你会感到有多少选择？同意我的请求有多高兴？如果我怀着开放而轻松的心态去问，就好像在说：“这样岂不是很好吗？”这取决于将我们的关系转变为满足我们的需求，并围绕满足需求的乐趣来设计我们的请求。

回到经典的室友或恋人的例子，请注意以下请求之间的区别：

◎ 吸进肺里的空气：“请把盘子洗干净，把柜台擦干净，好吗？我需要这个家更整洁一些！”

◎ 摆在桌子上的花：“吃完饭后，你要不要洗洗碗，把台面快速擦一擦？当厨房干净整洁时，我感到轻松多了。”

◎ 吸进肺里的空气：“我需要更多的时间在一起。我们什么时候再出去？”

◎ 摆在桌子上的花：“我们有这样美好的时光，我觉得真是太甜蜜了。我们能不能看下日历，看看什么时候再安排一次约会？”

即使需求迫在眉睫的时候，如果我们能够建立联结并提出考虑到对方的请求，也能拥有更多的筹码。一名女性非暴力沟通练习者又一次在半夜醒来时，发现一个陌生男子站在她的卧室里。受过非暴力沟通训练的她，首先想到一个问题："我的安全与这个人的安全是相互关联的。"于是她拒绝把这个人视为敌人，因为她知道，他们的安全取决于她能否建立联结。她不由自主地问男子几点了。不速之客完全没有料到，他看了看手表，并回答了时间。

"你是怎么进来的？"她又问，然后发现一扇窗户的锁被打开了。然后为了弄明白男子为什么闯进来，她大胆地猜测："哦，今晚外面一定很冷吧？"

他们在那种紧张的情况下交谈了几分钟。她得知男子无处可去。最后她说，走廊那头有一间客房，壁橱里放着床单。如果他愿意，可以在那里过夜；如果他在她早上起床之前离开，她就不会叫警察。

他们达成了一致，男子离开了她的房间。

这是一个极端的例子，我们中很少有人知道在这种情况下自己会如何应对。如果没有经过大量的非暴力沟通训练，我并不提倡在这种存在潜在危险的情况下采取这种方法！然而这个例子很有启发意义，说明了有意的交流沟通能产生多么彻底的影响：面对恐惧和潜在的暴力，她仍然能够看到那名男子的人性，并提出能够满足他们双方需求的要求。

提供上下文语境

每当我们提出请求时，如果对方不明白我们为什么要提出请求，也不明白这个请求会有什么作用，那么他们就可能不愿意提供帮助。这一点对于联结请求和解决方案请求是一样的，对于一般的情况和实质性的请求也是如此。如果尚不清楚，那么我们需要让对方知道我们为什么要提出请求；我们需要给他们一个让他们说“是”的理由。

一个简单的例子，早上我的伙伴问我：“你中午要吃这个吗？”我会觉得很困惑。根据不同的上下文，我的回答会有不同。

“我今天中午很想吃这个，你打算吃吗？”和“我怕它会坏掉。你会吃吗，还是我吃？”是两个不同的问题。

这里还有另一个例子，注意在有上下文和没有上下文的情况下询问反馈之间的区别：

◎ 没有上下文：“你能告诉我你听到了什么吗？”

◎ 有上下文：“我刚才说了很多，但我不确定是不是都按照我的意思说了出来。你能告诉我你听到了什么吗？”

◎ 没有上下文：“你能告诉我你理解的什么对我来说是最重要的吗？”

◎ 有上下文：“我现在真的很想感觉到有人在听我说话。你能告诉我你理解的什么对我来说是最重要的吗？”

一种完整的沟通方式

观察、感受、需求、请求，发生了什么事，我们对这件事的感受，为什么，以及对下一步的建议——这就是非暴力沟通的经典结构。它提供了一个路线图，让我们可以说出自己的意思，并倾听别人的意见。前三个组成部分——观察、感受和需求，它们回答了基本问题“你怎么样？”

在分享这些时，我们邀请对方进入我们所感受的经验里：“这就是发生在我身上的事。”请求回答了这个问题：“我能帮上什么忙？”

表达观察、感受和需求会带来很大的压力。如果我们在没有提出请求的情况下分享了这么多细节，不论我们的意愿或言语如何，对方都可能会从中听出责备。想一想以下这些有请求和没有请求的语句。

◎ 没有请求：“当我听说你要到八点才回家的时候，我感到非常失望和沮丧。晚上有时间在一起对我来说真的很重要。”

◎ 有请求：“当我听说你要到八点才回家的时候，我感到非常失望和沮丧。晚上有时间在一起对我来说真的很重要，我们可以就如何平衡工作职责和我对我们关系的期望一起谈一谈吗？”

◎ 没有请求：“我昨晚十一点左右听到你公寓里传来音乐，我很沮丧。耳塞也没有用，我早上很早要工作，晚上需要好好休息。”

◎ 有请求：“我昨晚十一点左右听到你公寓里传来音乐，我很沮丧。耳塞也没有用，我早上很早要工作，晚上需要好好休息。你能不能在工作日晚上十点以后把音乐关小点，或者戴上耳机？”

在没有请求的情况下，我们的意愿显得很模糊，只能让对方去揣测我们想从他们那里得到什么。我们大多数人都习惯于听到责备，这是我们做出的第一种解释。提出请求可以让对方知道我们为什么要提这件事，并就他们在这个时候如何才能帮到我们提供建议。

要求、倾听和说不

请求和要求的区别不在于我们使用的语言，而是在于当对方说“不”时，我们如何回应。如果我们可以带着好奇去面对“不”的回答——“哦，为什么不呢？你需要什么？”那么我们就是真的提出了一个请求。如果我们以愤怒、自以为是或追究的态度回应，那么我们一开始就不是真正在请求，对吗？

正如我们所探讨的，用追究、责备或要求来满足我们的需求，是以付出善意、信任和关系的质量为代价的。即使我们在短期内得到了想要的，但从长期来看，还是会付出代价。大多数人对要求的回应都是被动反应：屈服或反抗。两者都不是基于真正的自由和自主权。即使他们同意了，内在动机也可能会受到损害。在这里，卢森堡的两个关键问题可以阻止我们提出要求，并引导我们采取一种基于好奇心和关怀的更具协作性的方法：

◎ 我想让他们做什么？

◎ 我为什么想要他们这样做？理由是什么？

第二个问题不是试图控制或操纵对方。这是一种与我们内心深处的好奇心和关心重新联结的方式。记住，当别人选择满足我们的需求，是因为他们知道这样做会对我们有什么帮助时，这样的感觉是多么美好。

我们在不失去联结的情况下听到（和说出）“不”的能力是至关重要的。听到拒绝可能是在提出请求时最脆弱的部分之一，尤其是在我们请求一些重要的事情时。因为在任何要求之下，无论多么微小，都隐藏着一个问题：“我重要吗？”听到“不”可能会挑战我们的能动性，挫败我们的希望，激起失望的情绪，或触及痛苦的伤口。

在这种情况下，自我同理心的练习是一个重要的组成部分，它能让我们在别人说“不”的时候，有韧性地保持积极参与，不往心里去。如果我们能够暂停一下，感受我们的需求和更深层次的渴望，了解自己的重要性，我们就可以为对话带来更多的开放性、耐心和好奇心。

说“不”的能力是一段健康关系的标志。如果有人总是说“是”，我们就不知道他们是真心同意，还是出于害怕、面子或是义务——所有这些都会导致怨恨、不信任或缺乏后续行动。相反，当有人能说“不”时，我们就可以相信当他们在说“是”时，是认真的!

我们也可以将“不”视为一种信息来源，而不是当作一条死胡同。毕竟，说“不”本身就是一种满足某些需求的策略——它表明还有更重要的事情阻止他们答应我们的请求。我们可以倾听在他们说“不”的背后的“是”，而不要把问题看作是针对你个人。这并不意味着假设他们对我们的请求说“是”，而意味着他们对一些对他们来说更重要的事情说“是”。如果我们能确定那是什么，就有更多的选择来进行创造性的合作。他们还会在哪些需求上说“是”呢？我们能否找到另一种策略来满足目前的所有需求，或者找到一种方法来充分满足他们的需求，使他们能对我们的请求说“是”？

练习：听到拒绝

当有人说“不”的时候，试着保持好奇心。检查你是否愿意接受其他的策略来满足你的需求，以及你是否真心希望结果对对方有用。下面是一些建议，可以帮助你提出其他一些请求来继续对话：

“我很好奇为什么不呢？你能不能多分享一下？”

“是什么原因让你拒绝呢？”

“我们是否可以花一些时间来思考一下对我们双方都有用的想法呢？”

“你还有其他想法吗？”

“你需要知道什么，或者我能做什么，才能让你答应我？”

你可能会发现自己处于这个范围的另一端，努力尊重自己的极限，对请求说“不”。为了帮助别人而忽视自己的需要可能会导致精力枯竭、抑郁、怨恨或人际关系不和谐。这可能是由很多原因造成的。你可能害怕让别人失望，想要避免困难的谈话带来的不舒服，或者很难相信自己的需求是很重要的。你可能真的很想帮助别人，但长期以来却高估了自己内在的资源能力。

可以通过多种方式拒绝保持联系，满足你的需求并避免误解，如果你在没有以某种方式确认他们需求的情况下拒绝，对方可能会将你的回答解释为不在乎他们。相反，尝试将你对他们求助的反应与对他们需求的照顾分开。也就是说，分享你对他们需求的理解，并表达你对找到满足他们需求的方式的兴趣，让他们知道你为什么拒绝，并提出替代方案，或邀请他们这样做。

练习：说不

下次当有人向你请求一些事情，而你不愿意答应的时候，尽量保持对话过程中的参与度。以下是一些在保持联结的同时说“不”的方法的示例：

“我想答应的，但现在有一些事情让我不太方便。”

“我听出了这对你来说很重要，但我不知道该怎么做，因为我也需要……我们可以探讨一下其他一些可能对你有用的选择方案吗？”

“我不能同意这样做，这会让我自己在……方面付出重大代价。如果我们换一种方法，对你会有用吗？”

给予与接受的循环

当我们能够提出请求，听得进“不”，并温柔地坚持我们的关怀，美好的事情就会发生。我用我从萨巴身上学到的东西，帮助我的学生劳拉找到了她和祖母关系的关键点。

劳拉说92岁的祖母是她一生中重要的灵感来源。每当劳拉试图分享她的感激之情时，她的祖母就会觉得不自在，然后转移话题，或者委婉地引开劳拉的话。由于她的谦逊和为他人留出空间的愿望，她无法接受劳拉的感激之情。

我指导劳拉重新安排对话，从试图向祖母提供东西到提出请求。

“奶奶，我很想与你分享一些东西，请你听我说话对我来说意义重大，你愿意和我一起坐一会儿吗？”

劳拉的祖母很高兴这样的谈话。于是她谈到她们之间的关系多么有意义，以及祖母多年来一直是她的榜样。她们分享了一些温柔的感谢时光，甚至流下了眼泪。通过提出要求，劳拉帮助她的祖母了解了受到赞赏是她俩共同的礼物。

总结

我们越清楚自己想要什么，为什么想要，我们就越有创造力去实现它。

我们彼此了解得越多，就越容易找到适合所有人的解决方案。因此，在解决问题之前，要建立尽可能多的相互了解。

对于满足尽可能多的需求的策略有自己的想法，这也会让其他人寻找创造性的解决方案。

关键点

在对话中，请求可以推动事情一步步向前发展，建立理解、联结，并提出可能对每个人都有用的解决方案。为了通过提出请求和接收请求来改变我们的关系，我们可以从以下几个方面来看待请求：

提出请求是为了满足自己的需求。

需求是一种馈赠，是体验给予和接受的喜悦的邀请。

通过请求来表达我们的需求，让别人知道他们可以如何提供帮助，并为接下来的对话提供具体的思路。

善于提出请求，包括支持他人提出他们的需求，对他们可能提出的请求保持敏感和直觉。

听到（说出）“不”可能是一段健康关系的标志，也指向了关于阻止他人说“是”的其他需求的信息。

我们可以说不，并且通过以下方式，仍然保持联结，尊重别人的需求，并避免产生误解：

肯定他人的需求。

分享我们对他们需求的理解，并表达我们有兴趣找到满足他们需求的方法。

让他们知道你为什么说 “不”，并提出一个替代方案，或者邀请他们这样做。

问&答

问：我一直在使用这些工具，但是我受到了很多反馈，说我是以自我为中心，控制欲强或爱出风头。我究竟哪里做错了？

答：当我们意识到自己的需求，并开始提出请求时，我们听起来可能会有点苛刻。检查确认你的请求是否灵活，你的态度是否是“你应该这样做”？另外，还要确保对方明白你是真的愿意听到“不”。

当我们拥有这些工具时，在对话中就能扮演额外的角色。我们不再仅仅是我们自己需求的拥护者，同时也成为一个促进者，也为对方的需求而努力——因为我们重视对方的需求，将其视为健康关系中不可或缺的一部分。认识到我们自己对同情心和帮助的需求，并且理解对方的意愿是我们达成任何共识的关键因素。

你可能需要做出额外的努力，尽可能清楚地传达出你是真心实意地想要找到适合双方的东西。我们无法控制他人的看法，但可以尽力让对方知道我们愿意考虑他们的需求。

我们可以明确地邀请他们一起分享："我很想听听更多关于你的重要信息。在这里，有什么是对你有帮助的？"找到让他们很容易说"不"的请求，或者邀请他们分享更多信息的请求。比如："我只希望是因为真的对你有用，你才答应的……"或"我不希望你觉得自己有义务，如果你说不也没关系。"

问：我希望能够提出请求，但事情发生得太快，我有点不知所措。即使有空间，我也不知道该提出什么请求。

答：对我们的神经系统进行一定程度的再训练，可以让我们在交谈中感到更轻松自在。首先从使用增强投入感的工具开始，处理好你内心的体验，找到说话的勇气，感受自己脚踏实地，分一些注意力关注你的姿势，这样可以增强你的力量。从小处着手，在挑战性较小的情况下建立信心。

提出请求时，我们也必须了解我们自己的需求，知道我们想要什么。试着记住两三个你可以随时使用的简单请求，找到一种可靠的方法，提出一个基本的联结请求，进行反思或回应，并不断练习，直到你可以不假思索地说出来。试着把一个请求演练一段时间，让自己可以思考一下，比如"我有话想说，能否给我一点时间让我整理一下我的思绪？”

问：“你是否愿意……”听起来很正式，很呆板。为什么不直接说“请”呢？

答：记住，重要的不是你说了什么，而是你的出发点是什么。这些词有助于训练我们的注意力与原则的意图保持一致。“请”可以承载很多含义，我们中的大多数人在社交中都会习惯说“请”和“谢谢”，不管我们是否是真心的。有时，“请”也是一种隐性的要求。出于这些原因，我建议你寻找其他方式来表达你的灵活性，例如“你愿意/可以吗”或“你觉得怎么样……”这些短语带着的文化包袱往往较少一些。

问：我该如何区分什么时候该把事情提出来并提出请求，什么时候该放手或者应该独自处理？

答：我对灵活性很感兴趣，培养了兼顾二者的能力。放手和提出请求并不是相互排斥的。我希望大家都能明白，我们越少执着依赖于我们自己的方式，实际上我们就越有更大的空间可以提出请求和参与对话。

考虑一下你自身的条件，你可以朝着另一个方向进行练习。如果你是一个倾向于在自己的内心解决所有问题的人，那就大胆地说出来，邀请别人来倾听你的心声。如果你比较爱说话，喜欢大声表达，更倾向于从外部寻找解决问题的方法，那么你可以通过一些内省来平衡这一点，看看是否能从内心找到一些有余的空间以及如何改变你对情况的看法。

问：遇到有人不愿意参与的时候怎么办？我已经提出了几个请求，要么被拒绝，要么一片沉默。

答：如果对方不愿意与你进行对话，你可能会感到非常痛苦。这似乎触及了一些古老的、根深蒂固的归属感需求，甚至是对被部落驱逐的恐惧。我想，我们大多数人在这样的时候，都需要很多的温柔和关怀。

我们可以试着去理解他们沉默背后的感受或需求，这实际上已经成了他们唯一的信息。在某些情况下，可以创造条件让他们重新参与到对话中来。在我自己的生活中，我发现有时我们只是各有不同的期望而已。对方可能需要更多的时间才能准备好说话和交谈。对我来说，在这种情况下，获得支持，转向内心，依靠自己的力量来治愈和解决问题是非常重要的。只要有耐心，我们可以找到很多对自身的同情和对他人的宽容。最后，这个过程可以让人获得深刻的自由。

第四部分

整合到一起

当有效对话的三个步骤共同起作用时，对话就像跳舞一样。我们轮流轻松地讲话和听音乐，来回转移注意力，就好像跟随着音乐的节奏一样。用投入来引领，能使我们立足现实，它为我们如何建立联系提供了更多的选择；关怀与好奇心，为我们的合作和理解创造了条件；聚焦事情的关键，我们会发现什么才是重要的。

其他时候，谈话更像是爬山而不是跳舞！我们背着沉重的包袱艰难跋涉，小心翼翼地绕过障碍，在危险的地形上磕磕绊绊。我们打断或从一个话题跳到另一个话题。

生活复杂而混乱，不论是跳舞还是爬山，要学会轻盈的步伐是需要练习的。我们需要做好准备，这个过程中我们会失去节奏，磨痛双脚，多半会起水泡，还会不时跌倒。

在本书的最后一部分，我们将探讨如何在对话中将所学到的东西整合到一起，以及面对有挑战性的情况时如何处理。我们将学习如何灵活地推进转移，知道什么时候跳舞，什么时候爬山以及什么时候停下来休息。我们还将学习如何跟进对话的大动向，如何随着焦点从“我”转移到“你”以及如何对可能出现的不同信息的线索进行管理。

第十二章 对话流程

生活是一个熟透了的瓜，如此甜蜜，又如此混乱。

——格雷格·布朗（美国演员）

我有一个好朋友叫阿曼达，她有天打电话给我，问我关于面对棘手对话的一些建议。她最近和一个朋友在一起旅行，经过一个星期的露营之后，她们结束旅行回家。去机场的途中，阿曼达四岁的儿子在车上闹起了情绪，而当时这位朋友未经阿曼达的允许就插手干预了阿曼达和儿子之间的沟通，后来她还向阿曼达发了一封电子邮件，自作主张地提出了一些育儿建议。

我对阿曼达可能会感到的沮丧、挫败表示了同情，并问她是否对自己作为母亲所做出的一些选择渴望得到更多的尊重。然后，我们对事情进行了仔细的分析，并制订出最佳的对话策略。这其中有几个层面：她们之间的友谊、另一位女士真切地想要帮忙的愿望、阿曼达需要获得适合她的时间和方式的支持。我们确定了每个不同的主题，明确了她的需求和她可以提出的要求，最后讨论了一些开启对话的方法，让它们可以有一个良好的开端。

进行有效对话的三个步骤——用投入来引领；从好奇心与关怀出发；聚焦事情的关键。这就构成了我们如何表现、参与方式和讨论内容的基础。另外，从整体上对对话有一个更广阔更全面的视野也很重要。我们从哪里开始？我们如何从一个话题转移到另一个话题，或者从我的视角转向你的视角？

舞步

对话很像跳舞，学习基础知识是需要花费一些时间的，但是当我们与他人顺畅地交谈时，这一切可能会很神奇。老朋友和新恋人可以聊上几个小时，毫不费力地跳起那些古老的舞步，一起说话，互相倾听，一起沉思或惊叹、庆祝、哀悼。

就像在冥想中吸气和呼气锚定我们的意识一样，就像在对话中情感和需求奠定我们的注意力一样，我们的对话之舞也是由三个基本的“姿势”编排设计而成的。我在第一章中简单地提到过这些。现在，我重新回顾它们，请你们带着你们已经学到的知识，以更加深刻的理解来倾听吧。

在对话的任何特定时刻，我们都可以保持投入地说话、倾听或适当停顿。我们表达，发自内心地说话，公开和诚实地分享观察、感受、需求或要求并尽量减少责备；我们接受，从心底去聆听，带着好奇心和关怀，倾听他人话语背后的属于人类的情感和需求；我们停顿，在整个过程中全心投入，必要时暂停一下，进行整理与酝酿。

这些是舞蹈的基本动作。所有的沟通都归结到这三个选择：真诚地表达、共情地感受或重新投入。

感受那种互相谦让、有来有往的节奏，克服挑战，我们就会获得治愈的效果。当我们将注意力来回转移，彼此倾听，让事情沉淀平静，我们就会找到人与人之间交流的真谛。许多学生仅仅体验了一次成功的对话就有了很大的改变。在感知舞蹈的节奏时，我们神经系统中的某些东西学会了如何参与到与另一个人建立理解的过程中。

练习：对话之舞

简化你的谈话重点，回到最基础的知识，把你到目前为止学到的所有细节都放在背景中。用投入来引领，从好奇心与关怀出发，并考虑在说话、倾听和停顿之间选择的时机。你能在对话中找到有来有往的节奏，展现说话、聆听与停顿的舞步吗？

建立对话的框架

好的开端是成功的一半。我们如何开始一段关系或一段对话会对其整个发展轨迹产生重大影响（以“你迟到了”开始一次约会可能会影响一整晚的关系发展）。然而，任何一个时刻都充斥着如此多的因素，这导致我们很难清楚自己该从哪里开始。

复杂动态系统的行为对所谓初始条件是高度敏感的，就是指过程开始时某些变量的值。人类本身就是非常复杂的动态系统，产前期和围产期会对孩子一生中的长期心理和生理健康产生重大影响。交谈对话也是一个复杂的动态系统，是一个活生生的、会呼吸的过程。我们可以使用一种被称为框架的工具来为完成一次成功的交流设置初始条件。

建立框架是以宽泛而中立的方式简要概述一个议题或讨论的范围，通常是关于任何共同的需求、目标或价值观。

框架以一种中立或积极的方式使人们大致了解我们想讨论的领域范围。就像造房子时要搭建脚手架一样，它提供了结构，并对之后需要填充的范围进行了勾勒。当问题满载时，框架特别有用。具体的观察评论可能会把我们卷入激烈的挑战和质疑之中，它可以提供一个机会来评估衡量另一个人的交谈意愿，让我们彼此之间保持一致。

设置初始条件的第一个也是最重要的方面是同意进行对话。如果我们太过专注于问题，可能会忘记沟通中这个最基本的元素。现在是合适的谈话时间吗？这是个好地方吗？

下面介绍两个引入主题的例子，分别是有框架和没有框架的。

◎ 没有框架："当我听到你说'不要太以自我为中心'时，我感到很受伤。我真的很想让你知道如果你来参加这次活动对我有多么重要，你能理解我当时的感受吗？"

◎ 有框架：“我想谈一谈我们昨天的谈话，看看我们是否能更好地理解彼此的想法。你愿意吗？”

说话者没有引用最痛苦的评论感受，而是更笼统地谈及了那个谈话，提出了一些共同的需求，并用“我们”来设定了框架。这里每一个方面都可以在对话一开始就建立一致与团结。

下面是另外两个发起对话请求的示例：

◎ “你愿意花点时间和我谈谈……吗？”

◎ “我们可以坐下来看看我们都需要的是什么吗？看看我们能不能找到解决的办法。”

有许多种方法可以构建一个对话的框架，营造一种和睦的感觉和共同的目标。根据不同的语境，不同的方面可能会发挥或多或少的用处。

选择框架

◎ 宽泛的观点：以一种宽泛、中立的方式陈述情况，让对方在不必涉及可能引起争议的细节的情况下，就是否进入对话做出理智的决定。

◎ 感受：分享你的脆弱，说出可能激发同情心的感受。

◎ 共同需求：包括进行对话的任何共同需求、目标或利益。用“我们”而不是“我”来陈述事情。

◎ 赞赏：你们之间是否有共同的纽带，可以支持你的善意、好奇心和关怀？不妨从对对方的欣赏开始，你对于他们的喜爱或是你们的关系。

下面是一些如何使用这些选项的示例。

◎ 感受框架：“最近我们之间的一些交流让我觉得有点辛苦。我正在努力把它们梳理出来，不知道我们能不能花点时间谈谈发生了什么？”

◎ 共同需求框架：“我们可以重新回顾一下上次的交流吗？我很希望能找到一种方式，让我们都能感到被理解和支持。”

◎ 赞赏框架：“我们的友谊对我很重要，我真的很感激你出现在我的生命中。上周发生的事对我来说很困难，我想找到解决的办法。你愿意谈谈吗？”

这里的每一个例子都提供了不同的方式，在你进入对话时拉近距离取得一致。你可以酌情判断决定使用哪种方式最适合任何特定的情形。

原则

说明进行一次对话如何能对我们双方都有帮助，有助于建立认同和意愿。

会话追踪

驾驭一场谈话就像是试图沿着一条杂草丛生的小径穿过树林，需要耐心和细心地观察。你偶尔会迷失方向，走了岔路，但之后又会重新找回来。尽管每一次谈话都是独一无二的，但也还是有某些共通的模式。为了引导对话走向问题的解决方案，我们要追踪其过程——我们正在进行什么样的对话，在其中处于什么位置，谁是关注的焦点。我们还要追踪其内容——正在讨论的特定主题以及它是否已经完成。

追踪是指在对话中遵循特定的过程或内容。

在最基本的层面上，有两种对话：关系性对话和逻辑性对话。它们通常会作为单独一次对话的不同层面共存。关系领域包括我们之间联系的质量、我们的情感以及我们建立关系的方式。逻辑领域包括了我们试图要具体解决的任何问题以及我们达成的任何协议。在阿曼达的情况里，关系性对话涉及她对于朋友干预的反应，她想要的那种信任和支持以及朋友提出建议的动机。逻辑性对话则是关于下次出现如何教育孩子问题时该怎么做。

试图在不解决潜在关系问题的情况下就进行逻辑对话可能会

让人感到混乱和复杂。我们在讨论一些具体的事情，但由于存在着一种莫名的情绪潜台词，因此我们一直感到阻碍的存在。如果阿曼达只是讨论有关教育孩子的做法策略，而不承认她潜在的担忧，那么谈话可能会导致双方的紧张和不安（有时，我们可能会选择只专注于逻辑层面，因为没有足够的信任、安全性或意愿来处理关系领域的问题。在这种情况下，对关系问题有一个内在的清晰认识，可以让我们在互动时更加平衡和集中）。

同样，将逻辑问题误解为关系问题也会导致混乱。我的母亲最近来看我，我问埃文是否愿意帮客人铺床。她却马上走到了另一个房间，转头开始做其他事情！我被搞糊涂了（也有点生气），自己去帮妈妈铺了床。后来我才知道她根本没听见我说了什么。如果我把这种逻辑上的失误误认为是某些关系上的问题，那么我可能会做出一些不愉快的解读，或者引起一场争吵。

首先尝试解决关系问题通常会很有帮助。在复杂的情况下，如果我们需要来回切换，那么内心明确我们正在讨论的内容可以帮助我们更轻松地应对变化。

正如我们已经看到的，成功的对话也有两个主要的阶段：建立相互理解和解决问题。过早地直接跳到解决问题阶段可能会带来很大的压力，“让我们来解决这个问题吧！”不论是处理关系问题还是逻辑问题，了解和信任越多，就越容易找到一个长久的解决办法。

我们可以追踪我们处于对话的哪个阶段，并研究何时以及如何进行过渡。在从相互理解转向解决问题之前，我们要确保我已经收集了足够的信息可以相互理解。通常情况下，在需要头脑风暴寻找解决方案时，人们会有一种安定下来或是焕然一新、重新充满活力的感觉。

以下是解决问题之前要考虑的一些问题：

◎ 你是否拥有所需要的所有信息？

◎ 我们双方都清楚目前的需求和目标吗？

◎ 双方是否都有被倾听或被理解的感觉？

◎ 对方是否相信你是真的对适合他们的方案感兴趣？

以下是我们在进行过渡转换时可能会用到的一些请求，这些请求都是基于第十一章的内容：

◎ “你是否知道我很清楚你看中的是什么？就是我其实很明白你的意思？”

◎ “你觉得还有什么其他重要的事情需要我们考虑吗？”

◎ “我想找到一种对我们双方都有用的方法，你能感受得到吗？”

建立信任至关重要。如果能表明我们真的对合作感兴趣，我们就会有更多的意愿和创造力来进行头脑风暴。我们可以一步一步地建立这种信任，表现出同理心，倾听并反思对方的感受和担忧。

练习：对话中的追踪过程

下次尝试解决问题的时候，考虑一下你在进行的是哪种对话：这是一个纯粹的逻辑问题，还是关系方面的问题？如果两者都存在，那么在处理逻辑层面的问题之前，看一下你们是否可以厘清关系层面的问题。当需要在两者之间转换时，要试着弄清你所要讨论的究竟是什么。

在过渡到解决问题之前，要集中精力尽可能多地建立理解。要特别注意从一个阶段到另一个阶段的转变，确保你们双方都已经准备好寻找解决方案。

谁在发言？

追踪我们正在进行的对话类型以及我们在对话中所处的位置，这些是广义上的、宏观层面的技巧。为了让对话之舞顺畅地舞动，我们还需要能够追踪更小的一些动作。其中最基本的就是追踪我所说的注意力焦点，也就是谁在发言。

在每一次对话中，对话者之间都有一个来回转换的重心。这不仅仅是指谁在说谁在听，还关于察觉到在任何特定时刻谁是最需要被倾听的人，并且意识到我们如何应对这些变化。如果我们对注意力焦点的转移不在意，不能抓住在双方之间来回转移的注意力中心，就可能会导致不信任、复杂性和缺乏同理心。

在对话中，注意力的焦点是在任何给定时刻所关注的一方，即“有发言权”的一方。

一个通用的准则是先听，尽可能将注意力集中在对方身上。在他们觉得被倾听并且感到满足之后，当他们有了更多聆听的空间的时候，再将注意力转移回自己身上。

运用同理心，你可以建立理解，并确认对方是否感到被理解，你需要不断地问自己两个基础的问题：“我理解了吗？还有更多的吗？”

你可能要经过几轮换位思考，才能让别人觉得被倾听了，然后让你去发言并倾听你。你可以通过提出请求，来确认对方是否愿意转移焦点：

“你还有什么想让我了解的吗？”

“我想分享一下自己的感受，你愿意听一听吗？”

谨慎处理好这种过渡对于在困难的对话中建立信任和修复伤害可能会大有帮助。

原则

在转移到一个新的话题或把注意力转移到你自己的经历之前，要尽可能先检查确认对方是否感觉被理解。

当然，我们的耐心和同理心是有限度的。如果我们失去了倾听的能力，在交流中，就会不自觉地将注意力中心拉回到自己身上。请记住，沟通中没有硬性的规则，我们要做的是扎根实际、

扎根于当下，与我们的良好意图相联系，尽可能巧妙又熟练地应对正在发生的事情。这就是使用正念来意识到我们内在心里过程中正在发生的转变。我们还在投入其中吗？我们是否能够保持联结，去理解对方真正的意图？如果没有，我们需要怎么做才能重新建立联结？转移注意力的中心会有帮助吗？

我们可能会由于许多原因失去倾听的能力，可能有太多的信息让自己无法消化，可能会感到过于满足，从而失去了追踪自己的想法或感受的能力。或者可能存在某种内心的压力，我们需要在倾听之前先说出来才能缓解一些，然后才能再往下听。如果我们无法倾听，如果我们听不到对方的话，那么假装继续听下去对双方都没有好处。

在这种情况下，我们需要去打断——不是因为我们不想听，而是因为我们确实想听。我们认识到了，如果不打断别人，我们就无法做到这一点。对话越热烈，打断时就越需要多加注意。为了减少让对方觉得被冒犯的概率，我们要用我们的沟通意图来进行领导。以下是一些技巧性地打断别人的示例——请注意，每一次打断都是以对这次沟通的肯定开始的：

◎ “我很想听你接下来要说的话，但我开始有点儿跟不上了。我们暂停一下，好让我总结一下到目前为止我所听到的内容，可以吗？”

◎ “我很希望让你继续，但我有些困惑，我可以问个问题吗？”

◎　“我想继续听下去，但我遇到了点麻烦，因为我想澄清一些事情，可以容我回应一下吗？”

在前两个示例中，即使我们打断了对话，但注意力的中心仍停留在对方身上。在第三个示例中，我们建议把焦点中心转移到我们自己身上，让别人知道我们需要表达一些东西，然后才能继续聆听。

如果我们掌握了发言权，而对方又把注意力焦点转回到了他们身上，那我们有两个选择。我们可以跟随他们的引导，在倾听的过程中暂时放下自己的部分，给他们一些理解，或者我们可以承认这种转变，并要求他们保持对我们的关注：“我听到了，我想先把刚才说的话说完。我们可以再花几分钟的时间先把这一部分完成，然后再继续往下进行吗？”

练习：追踪注意力的中心

谁在发言？注意观察，注意力的中心是何时从一个人转移到另一个人身上的。转移在征得同意的情况下顺利发生和未经同意的情况下突然发生，这两种情况分别会有什么样的影响？我们可以通过检查确认对方是否感到满足、提出请求，或在必要时巧妙地打断，练习有意识地转移注意力。

追踪内容

大多数对话需要讨论的都不止一个内容。以阿曼达为例，她与朋友在教育孩子的问题上进行了多次互动，包括电子邮件交流，并且需要讨论在其中起作用的关系层面的问题。追踪所有这些可能很棘手，谈话的过程往往更像是一个迷宫，而不是一条特定的路线。它不断地扭曲、转弯、中断，然后又绕回到自身。

如果我们无法追踪这些元素，就会发现自己陷入了混乱。追踪技巧可以帮助我们关注对话的总体轨迹（我们处于对话的哪个阶段，由谁发言）以及我们正在研究的实际内容。为了做到这一点，在对话的舞蹈当中，还有更多的追踪技巧可以去运用。

正如有些人可能会直接跳到解决问题的部分一样，很多时候，人们会在结束已经摊开来的话题之前又引入新的话题。我之所以说这是分裂的，是因为这是一种让对话断裂和破碎的方式。我们开始谈论一件事，接着它发散成了两件事，然后是三件事或四件事，最后我们就不记得是从哪里开始的了。

当谈话破碎时，情况很快就会变得复杂起来，问题很少能得到解决，因为有太多的事情被同时摆到面前，却一个都没有完成。如果我们偏离了话题或是直接往前跳，就需要重新定向对话，需要改变谈话的方向——委婉温和地把对话引导回正轨。在富有挑战性的对话中，这就需要格外谨慎和敏感，最大限度地减少对方将我们的努力解读为控制欲或是对他们自主性挑战的机会。

分裂话题会在当前话题完成之前引入新的内容碎片，委婉地将对话重新定向，引导回到选定的阶段或主题上。

重新定向类似于巧妙地打断。首先，我们肯定或承认对方所说的话，这样他们就不会认为我们在无视他们的观点。然后，我们要表明我们希望回到前面的主题。以下是一些重新定向的示例：

◎ “谢谢。我很高兴你提到了这一点。在我们谈到这一点之前，我想再说一两件有关……的事。”

◎ “我很感谢你提出这个问题。我想过一会儿就讨论这个问题，但首先我想再聊聊与……有关的一些事情。”

◎ “是的，这一点的确很重要。我们可以先把这个问题谈完，然后回头再谈吗？”

进行反思的基本工具在我们完成一个完整的沟通周期之前有助于防止分裂。与其让一个话题悬而未决，我们不如运用同理心思考来确保相互理解。当我们在对话中不断地运用这一点时，我们就会建立起一种动力与合作的感觉。

当我们完成一个交流沟通的周期时，会感到身体发生的改变。同样，当我们完成一个更大的话题或思路时，我们常常会感到一种变化。当我们双方都意识到“好了，就这样吧！现在可能是一个暂停或转换话题的时机”时，我们可能会有一种安定的感觉，松了一口气，或者生出一种自发的、充满能量的感觉。即使一个范围内的问题没有得到完全解决，但当我们就某个问题达成一定程度的共识时，我们也会有这种感觉。

练习：追踪内容

当讨论的问题不止一个时，要注意讨论的是哪一部分内容。如果对话破碎，直接跳到了前面或者以一种似乎毫无帮助的方式引入了一个新思路，那么请尝试重新定向引导，确认所说内容的重要性，并委婉地要求返回之前的话题。

当你讨论一个问题的时候，为了完成这个交流周期，在你做出回应之前要进行反思。在谈话中试着结束每一个循环，看看你在进入一个新的问题领域之前是否已经取得了共识。

说出你的意思：简洁的力量

最后一项追踪技巧对于增进理解至关重要：明确我们说了什么，说了多少。当我们对某件事充满热情时，或者我们觉得没有被人听到时，就常常会重复自己的话。然而，我们使用的词汇越多，通常获得的理解就越少。我们都知道接受一段独白是什么样的感觉，那很容易让人感到负担过重，失去消化对方话语的能力。

原则

当我们用更少的词，但表达了更多的诚意时，我们的话会更加清晰有力。简而言之，简短的内容让其他人更容易理解我们。

我们可以区分两种类型的自我表达：洪水法和模块法。洪水法是打开闸门，并将其全部倾泻而出的体验！在我们分享之前，内心世界不会去聚集。我们可能会一次性说上几分钟不休息，也不会去管对方是否在听。模块法是一种将信息分为容易掌握的一段一段的方法，一次讲一段或两段。这会让别人更容易理解，也给我们提供了检查理解和完成周期的机会。

洪水法是指我们重复自己的话，试图一次把所有内容都说出来，或者一次分享过多的信息，超过了别人能够处理消化的程度。

模块法指的是我们一次只讲一段内容，分成较小的、可以掌控的各部分。

我们每个人都有不同的表达方式。有些人更喜欢在开始之前就明白自己想说些什么，有些人则喜欢通过对话的过程来发现自己想表达的意思。在我的犹太家庭中，我们经常通过互相打断对方来表达我们的爱。而在我的佛教徒社区中，我们则倾向于通过放慢语速或停顿来表达关心。

不论我们的个人风格或文化如何，察觉到我们分享的信息量和他人的接受能力都是很有帮助的，这样我们就可以进行相应的调整。

要想做到简洁，就要看我们是否有分辨出我们想要交流的内容的能力，同时还要具备说话时有清醒自我意识的能力。言语的洞察辨别是一种理解和组织我们内心世界的训练。这要从刻意的练习开始，最终达到更加自然、清晰的沟通。言语表达行为（字面意思就是把话语“推送”出来）是一个过程，在此过程中，某些想法聚集在心里面，然后被我们表达出来。这就是为了理解我们的内心生活，让思想和感觉融合并形成离散的字词和语句。

给自己一些时间来收集自己的想法，辨别自己的感受和需求，并明确自己想要表达的内容。回想一下，我们沟通是为了建立理解，是为了让“独特的”和“个人的”的东西变得“共通”。不要问自己：“我想说什么？”你可能应该这样考虑：“我想让对方理解什么？”你越清楚地知道自己想让他们知道或听到什么具体的内容，你就越容易清晰连贯地将它的分模块表达出来。最终，你将学会即时执行完成这件事。

为了减少可能从我们嘴里一股脑儿倾倒出来的失控话语，我们要保持投入，追踪自己所受的刺激水平。这种内在的追踪可以提醒我们定期暂停，与对方确认他们是否能够理解。

当我们可以将信息整理成模块并且协调完成周期时，就开始进入对话流程。我们说话、确认并建立理解。倾听时，我们可以用同样的节奏来引导对话、打断对话以保持联结，确保对方获得他们想要和需要的理解。

有这样一句名言（通常被认为是爱因斯坦说的）：“一切都应该尽可能地简单——但不是越简单越好。”追踪对话的内容，就是要剔除无关的东西，关注我们自己或他人所表达内容的本质。

练习：整理信息模块

为了增加你所寻求的理解的机会，在开口说话之前，考虑一下你希望对方理解的是什么。如果你想要表达的观点不止一个，或者你想表达同理心的事情不止一件，那就把它分成几部分。说话时，追踪你所分享的信息量，保持投入的状态，时不时地停下来看看对方的注意力是否还在你这里。

进入对话流程

改善对话的第三步是将关注点放在重要的事情上。为此，我们需要训练自己的注意力，去留意和识别在每个时刻发生的事情的可能性范围，它需要对话中的三个基本立场中的哪一个：清晰表达，有同理心地接受，还是回到投入状态？在对话的细节中，是否有需要澄清的观察，需要表达或接受的感觉，需要承认的事实，或是需要提出的请求？需要什么来让事情走上正轨？我们需要重新定向或打断对话以保持联结状态吗？还是我们需要练习拆分模块，将复杂的东西分解为更基本的组成部分，这样才能抓住问题的核心？

看起来问题似乎很多，但实际可以归结为一个核心问题：最突出的是什么？在每一个时刻，在一路上的每一步中，最重要的是什么？如果我们花时间训练我们的注意力去注意谈话的每一个组成部分，这个答案就会变得很清楚。

当阿曼达与她的朋友交谈时，她首先从更广泛的角度出发来描述情况，搭建框架，并就进行对话达成了一致。她做了一些观察，分享了自己的感受和原因，并请求对方理解。尽管她没有得到她所希望的同理心，但清楚地了解自己的需求可以帮助她在对话中更加游刃有余。她的朋友有些戒心，但阿曼达很好地处理了关系方面的问题，围绕建议以一种尊重和关怀的方式提出一些逻辑方面的请求谈话。于是，她的朋友表示了理解并同意尽她最大的努力去实现阿曼达的愿望。

你不必把一切都弄清楚，甚至不必知道接下来要说什么。你只需要去投入表现，从好奇心和关怀出发，并且聚焦事情的关键部分。相信你所注意到的内容，并运用这些工具作为前进的路线图。

尽量放松，找到对话流程，即在基本投入状态、说话和聆听之间以流畅自然的方式移动节奏。用投入来引领，相信你真正去理解的意愿，让它作为你的指南，继续在我分享的这些工具和实践中训练你的注意力。不要害怕放开，相信它们背后的原则。对

话是一种生动活泼的活动，相信这一过程，追随当下的动态。

总结

说明进行一次对话如何能对我们双方都有帮助，有助于建立认同和意愿。

在转移到一个新的话题或把注意力转移到你自己的经历之前，要尽可能先检查确认对方是否感觉被理解了。

当我们用更少的词，但表达了更多的诚意时，我们的话会更加清晰有力。简而言之，简短的内容让其他人更容易理解我们。

关键点

在对话中，请注意如何在说话、倾听和暂停休息之间进行切换。学习追踪对话的不同部分：

关系层面：你的人际关系、情绪以及你的相处方式。

逻辑层面：你想要解决的任何具体问题。

谁在主导？

正在讨论的特定主题或话题。

分裂的倾向（引入新的主题）和重新定向的可能性（返回以完成前面的主题）。

问&答

问：我在谈话的速度上遇到了困难，我发现我很难在倾听和试图意识到自己的感受之间进行切换。

答：学会如何随着谈话的进行而来回转换是需要时间的，这有点像学习驾驶手动换挡。一开始有很多事情发生，每次你试着换挡时，车子就会开始前后颠簸，来回晃动。随着时间的推移，你的双脚、双手、眼睛——你的整个身心将学会如何一起操作。这些工具也是一样的。如果感觉不知所措，那就坚持以下基本原则：用投入来引领，从好奇心与关怀出发，并专注于一件重要的事情。在此基础上，你可以慢慢地添加其他组件。

问：有时候，假装我在听比打断对方告诉他我不感兴趣形成的尴尬要容易得多。你有什么建议吗？

答：我们并不总是有兴趣去倾听的，即使是和我们爱的人在一起。问题是，在你的生活中你想要什么样的关系？你是希望它们建立在相互信任和诚实的基础上，还是建立在某种程度的欺骗之上，不论这种欺骗多么微不足道。如果有人假装在听你说话，你是宁愿他们继续装下去，还是真心实意，坦诚相待？我们的时间、注意力和精力都是我们生命中最宝贵的资源，为什么要浪费时间假装倾听呢？为了避免打断别人的尴尬所付出的代价真的值得吗？

在诚实和表现关心之间要有一个平衡。如果可能的话，可以在还没有开始的时候讨论一下互动，这样在谈论敏感的事情时你就不会感到不耐烦或沮丧。首先，我们可以用共同的需求或欣赏来开始构架对话，谈谈你想要体验的对话联结的质量，以及你们如何共同创建这种联结的一些想法。或者，如果实在没有兴趣再花时间待在一起，那么可以尽量表现出你的同情心来进行这场艰难的对话。

问：如果打断别人说话被认为是不尊重别人，该怎么办？我和我的美国朋友在一起时可以这样做，但是在其他文化中，如果我打断别人的话，会被认为是非常差劲的人。

答：打断是为了重新建立联结，如果这样做在文化上会产生相反的效果，那么它就不是正确的工具。重点在于原则：如何在文化习俗内有效地重新建立联结。有没有一种间接的方式，能让他们理解你需要什么？

跨文化交流可能会非常复杂，尤其是我们每个人都会承载着多重的文化条件制约。有一种简单的思考方法：总是有三个选择。你可以了解并适应对方的文化；他们可以了解并适应你的文化；或者你们可以一起就你们的文化差异进行一次元级别的对话并共同努力合作。在最后一种选择中，一旦你们承认了不同的期望，就可能会冒着违反常规的风险，尽可能用任何冒犯最小化的方式。不妨从一个温和得体的道歉开始，“请原谅……”或“很抱歉打断你……”然后大胆地提出你的请求。

问：倾听对我来说是很容易的。我一直在努力想多为自己说话，但这很有挑战性。我觉得我好像必须要更有力度或尖锐地说话。对于如何找到平衡你有什么建议吗？

我们每个人都有着不同的条件状况。有些人觉得说话更容易，有些人觉得倾听更容易，还有一些人觉得一个人独处最容易。你能注意到这种模式，并努力扩大你的舒适度范围，这很好，这样你就可以拥有尽可能多的灵活性。

如果我们不习惯表达自己的想法，一开始可能会感到尴尬或咄咄逼人。如果我们还没有培养出这种能力，那么可能需要经过很多努力才能达到一个基础标准。你可以让两者自己去实现平衡。不要太在意你的声音发出来是什么效果。如果你善于倾听，就能解决自己因表达方式唐突而引起的问题。

在信任度更高的人际关系中，你不妨让对方知道这是你正在努力的事情，这样可以减轻焦虑，给你自己一个练习的场合。随着时间的积累，你说得越多，你的神经系统就越相信你明白如何为自己主张。一旦这种信任在内心建立起来，说话的压力和紧迫感就会开始慢慢消失，你的说话表达也会变得更加自然和流畅。

第十三章
激流勇进

我们不会提升到自己期许的水平，我们只会滑落到自己训练的水平。

——阿尔基罗库斯（古希腊抒情诗人）

艰难而紧张的对话是生活中很正常的一部分，巧妙的沟通并不一定能避免这些情况。相反，它可以帮助我们在出现困难的对话时处理这些状况，搞砸了也可以再试一次。

普通对话和具有挑战性的对话之间的区别有点像在开阔的水域上和在湍急的激流中划独木舟。两种划水方式都需要平衡，但在激流中勇进，风险要高得多，技术要求也更高。

想一想你与某人发生的一次糟糕的争吵，或是与同事产生过的一次矛盾纠纷。激烈的情绪、个人的盲点和错误的假设可能会使高风险的谈话变得毫无用处，甚至还会引起争吵。船翻了，你的装备也都湿透了，然后你被冲到下游某处的岸上。还记得我在前面的章节提到过的，有一次砸碎了祖母客厅里的一把椅子吗?

幸运的是，你已经掌握了应对激流所需的工具。在本章中，我将提供一些指南，包括有关如何准备一场艰难的谈话，如何联系平衡你的神经系统，以及当你的言辞没能表达你的意图时如何重新开始。

正确引导艰难的对话

提前为困难的对话做好准备，有助于弄清什么是重要的，减少反应性，增加我们能够按照自己的意愿进行交流的可能性。最重要的是我们内在的准备工作，包括：

◎ 完善你自己。

◎ 调查风险所在。

◎ 人性化看待他人。

在一次艰难的对话之前，完善你自己可以帮助你感到清晰、平衡和资源充足。这意味着对你可能感受到的任何痛苦、愤怒或沮丧都要有同理心。同理心可以减少反应性，创造更多的空间来倾听他人。找一个你信任的人，明确说出你想要什么样的支持。让他们倾听并反馈他们所听到的，这对你很重要。之后，如果有帮助的话，你可以继续进行分析，集思广益，或者从你的朋友那里得到反馈。

你还可以使用第九章中的自我同理过程来梳理你的情绪并确定你的需求（有时这是唯一的选择）。为了找到内心的空间，你可以试着与你更普遍的需求联系起来。你能感觉到它们是完整的吗？是不是你人性中自然的一部分，而不是缺失或未实现的东西？

调查风险所在

调查问题风险所在可以帮助我们认识到一个复杂或紧张局势中最重要的方面，并可以为我们的选择提供依据。注意你所持有的任何指责或判断，避免出错放纵它们，需要绕过它们。相反，要将你的判断视为关乎你内心的，有重要价值的信息。如果你处在推理阶梯的高处，不妨试着下来一点，做些更具体、更深入地观察并自问："是什么将这个故事联系在一起？什么样的感觉和需求可以作为自己的判断与看法？"

在这个调查的过程中，考虑一下是否有其他情况存在风险。你的自我形象，即你想以某种方式展现自己是否包含在内？你有什么样的期望、看法或信念？你是否在逃避一些反馈？

划独木舟时，如果遇到不熟悉的激流，最好的做法是靠岸，在河上侦察一番，确认水里是否安全。在充满挑战的情况下，不妨考虑一下你的目标是否切合实际，你是否有能力以自己想要的方式进行对话？对方呢？现在是进行对话的合适时机吗？甚至与之交谈的是合适的人选吗？你是否在要求别人做他们无能为力的事情，是否强人所难？

为了进一步确定如何处理事情，请调查对话的哪些部分是关系层面的，哪些部分是逻辑层面的。比如：我和我哥哥的争吵

（当我砸椅子的时候）并不是因为分担家务的问题，而是情感关系上的渴望被人看到，想要别人理解我情绪上的绝望与孤独，希望得到安慰与共鸣。如果当时我意识到这一点，就会明白，我的哥哥在那个时候并不是一个合适的谈话对象。

通过调查问题的风险所获得的知识可以为你的方法提供指导。你想从对话中得到什么？理解，还是问题的解决方案？你是否带着一系列可能对双方都有用的想法参与进来？你可以提出哪些具体的要求往前推进？

人性化看待他人

人性化看待他人需要谦虚和同理心，跳出你自己的故事，从他人的角度考虑问题。如果你能设身处地地为他人着想，哪怕只是片刻，想一想他们可能会遇到什么情况，就会对谈话产生深远的影响。无论什么样的情况，无论对方的行为有多么令人困惑或有害，他们的选择背后都会有一些内在的逻辑。

使用第九章中的同理心地图来探索他们的感受和需求，决定你想要在对话中如何表现，并专注于此，而不是一味地去证明某个观点或自己是对的。

我们希望自己是对的，希望自己被证明是正确的，希望赢得争论。但不妨试着诚实公正地看待这一点。“正确”对解决人际关系或问题有多大帮助呢？你是更想赢还是更愿意找到真正的解决办法？你是想要自己是正确的还是想更自在和自由？

进入一场艰难的对话中，人们可能会完全陷入自己是对的这种想法的僵局，而没有看到这是一种要满足更深层次需求的策略。如果对方承认你是对的，那是否真的你就得到了你想要的呢？他们的行为对你有何影响？是否想要获得同理心或认可？你是不是很想知道他们是否在乎？还是说想要寻求平和或是治愈？想要影响改变他们的行为？

当你清楚自己想要什么的时候，就去反思一下是否具有带来那样的结果所需的条件。什么样的意愿最有可能得到解决办法？你要如何才能创建一种足以解开这种境况的高质量的联结呢？

谦虚地考虑一下，如果有的话，你是因为哪些方面的行动或是疏忽导致了这个问题。所有关系都是一起创建的。你能对自己诚实吗？你能进一步扩大你的同理心，并尝试通过他人的眼睛看待你自己和你的行为吗？承担起属于你的责任，这可以让你解除心防，并换来对方同样的坦诚相待。

练习：准备工作指南

尽可能多地探索这些你认为会有帮助的建议。

完善你自己：寻求一个可信赖的朋友的支持，或者花点时间进行自我同理心。探索你自己的感受、需求和价值观。你能否与你需求的普遍性方面联系起来，在内心找到一些空间？

调查，确定你可能要面临的风险。

尊重你的任何判断、指责、假设或观点，将它们转化为观察、感受和需求。

考虑你自己和对方进行对话的能力。这是合适的时间，合适的人吗？

对话的哪些部分是关系层面的，哪些部分是逻辑层面的？

你有什么样的要求？你有创造性的解决方案吗？

人性化看待他人：跳出你自己的故事，从不同的角度考虑问题。

发挥你的想象力，用共情的态度去理解他人。

在想要证明自己是对的这一渴望背后考虑你自己的需求。

对于进行对话最有帮助的意愿是什么？

重新定向河流

冲突会给我们的身体带来一连串的生理影响。我们的呼吸会改变，压力荷尔蒙会释放，并且认知功能也会发生改变（如果我们缺乏应对这种能量膨胀的技巧）。

每当我们做出发脾气、逃避或关闭对话等反应时，我们都会回溯并强化针对这种行为的神经网络，就像洪水将河床冲刷切成了山坡一样。交感神经系统被刺激淹没后，会促使我们做出攻击、恐惧或混乱等反应，然后我们又回到了四种习得性的冲突行为（回避、对抗，消极和/或被动攻击）中的一种。

那么，我们该如何处理我们在神经系统中那些无益的生理洪流呢？尽管我们不可能控制我们的生活环境，但可以对在激流中如何行进做出明智的选择。

通过有意识的正念投入和技巧，我们可以通过在我们的思想和身体的山坡上开辟新的渠道来改变这些模式，创造不同的流动渠道让能量流出去。进步是渐进的，但是我们改变方向的每一滴水都会加深新的河床，吸引越来越多的水来改变意识之河的河道路线。

如果我们在艰难的对话中不记得保持正念，那么我们就不太可能使用我们的智慧或良好的意愿，更不用说我们学到的任何工具了。在困难的情况下，要注意的主要是我们的神经系统。

原则

关注我们自己的反应能力，注意激活状态的上升并支持有助于降低激活的冷静状态，这样可以帮助我们在说些什么和什么时候说两方面做出明智的选择。

运用我们的神经系统处理反应性并重新定向河流的四个自然阶段，从一个自然而然过渡到下一个，就像吸气和呼气一样：

◎ 识别激活状态。

◎ 驾驭风浪。

◎ 支持激活因素。

◎ 识别激活状态。

在通常情况下，我们的身体和思想会自然地起起伏伏，经历激活和失活、觉醒和沉淀，就像波浪会使船摇晃摆动一样。呼吸本身也遵循这个节奏，我们神经系统的弹性及其适应性使我们具备轻松驾驭这种循环周期的能力，承受交感神经觉醒的压力，使副交感神经失活得以缓解，并恢复到一个基本的定向意识状态。这表现为一种放松的警觉性，一种轻松的准备状态和动态的基调，可以对变化的环境做出适当的反应。

当环境中出现某些异常的状况——积极的或消极的，我们就会进入一种被称为交感神经激活或觉醒的暂时状态。比如：你意外地看到一个老朋友：一切都活跃起来了，你的脸涨得通红，深深地吸了一口气，精神抖擞起来。或者你听到一声巨响，你的身体瞬间紧张起来。“我有危险吗？”你循着声音转过头去，试图确定它的来源和意义。

觉醒的程度，洪水暴发的速度取决于刺激的强度（实际的或感知的）。在一个健康的神经系统中，当刺激的原因过去时（我们迎接挑战；威胁消失；我们失去了兴趣），副交感神经系统的各个方面又重新恢复了运作，使我们的思想和身体“平静下来”。随着激活周期的完成，系统停止运行，我们就在开阔的水面上划桨，继续前进。

在人际冲突中，交感神经系统的觉醒会像滚雪球一样越滚越大，危险信号会被放大。就是说，我们会失去它。我们在前额叶皮层获取高级认知功能的能力下降，只能随波逐流地前进，就像在激流中丢了桨一样。我们会爆发、逃避、崩溃或是离开，我们甚至可能进入一种游离状态。作为一种自我保护的形式，如果刺激的程度超出了我们的反应能力，我们就会冻结。

要重新定向，改变河流的方向，我们首先要认识到我们的神经系统的激活模式。有了正念，我们就能实时感知到交感神经觉醒的变化，就能更加深入地了解激活在日常生活的流动和在困难环境中的感觉。当我们更早地学会捕捉它的信号，就有更多的选择来处理它。

练习：监视激活

这个活动建立在第五章的练习的基础上：“只要说‘哦！’”

在你度过一天的整个过程中，研究一下你的神经系统被激活后会发生什么。你得到一些好消息。你几乎错过了火车，因为有人开车挡了你的道。注意你身体上的生理反应，你的心率加快了吗？你的呼吸有改变吗？你感到身体变热了吗？试着保持一种好奇心和关心的态度，而不是去评判，这些都是为你迎接挑战或追求目标做准备的自然反应。

将这种探索扩展到人际关系领域。当刺激发生时（正向的或负向的），注意你神经系统哪怕是微小的变化，观察呼吸、心率、排汗、肌肉张力、下巴紧张或身体感觉的变化。

要进行进阶的练习，就请看看你是否可以在其他人身上观察到这些变化。注意观察姿势、肢体语言、皮肤颜色、肌肉张力、下巴张力、呼吸、面部表情、声调、节奏或音量的变化。

驾驭风浪

感觉被激活是完全自然的，在道德上也是中立的，本质上更是良性的。正念并不是要抑制激活或达到某种虚构的中性状态。我们的目标是要变得有意识，善于驾驭生活的波浪。

我们每个人都已经对如何驾驭风浪以及如何在不产生冲动反应的情况下处理激活有所了解。你是否曾感到内心的激动，想说点什么，但又需要等待合适的时机？这就是一种交感神经觉醒的体验。任何时候，只要你明智地与内心的压力联系起来——呼吸，转移身体的中心，做一个心理记录——你就是在处理激活。即使只是做了一秒钟，也可以让你对说些什么和什么时候说有更多的选择。

实际上，意识增强了我们驾驭把握方向的能力。正是通过正念，我们可以暂停下来，追踪我们身体中的反应性，驾驭风浪，而不是被海浪所倾覆。你驾驭激活状态风浪的能力取决于你忍受不适的能力。在冥想练习中，每次观察到痒、膝盖或背部疼痛时，而没有立即反射，你都是在培养内在的平衡来回应而不是反应。如果波浪太大，退一步，感受你体内的能量，然后让它们消散。

在困难的对话中，暂停和停顿的配对练习特别有用。暂停——从微暂停到深呼吸，再到谈话中的中断，都是为了识别激活创造空间。然后，身体的停顿整理可以使你稳定注意力，而不是失去你的中心。

第三章中的正念练习是培养这些技能的好方法。使用最可用的参考点，重力感可以稳定你的知觉意识，中心线的垂直感可以使人头脑清晰、注意力集中，而呼吸的节奏可以缓解紧张感。如果激活强烈，则将注意力转移到你身体的周围，感觉到诸如手或脚之类的接触点的感觉，或者感觉声音或物理空间的定位。这些参考点可以拓宽人们的意识，在面临挑战的时候提供急需的帮助。

当你越来越熟悉追踪你身体的活动时，你就会开始注意到什么时候能接近到你的耐受阈值——可能是呼吸加快、精神过程散乱，或者是一个能量上升的暗示。这里的关键是要学会如何在达到该阈值之前放慢对话的速度，或者将对话全部暂停。

在激流中划船，慢慢地锻炼技巧是至关重要的：从小的激流开始，花时间去学习。当水域危险或急流超出你的技巧水平时，把船拉上岸，卸下装备，然后移至更安全的水域。

处理困难对话的准则是相同的。只要有可能，尽你所能慢慢来，这样你的系统才能进行调整。

这可能意味着要将一场艰难的对话分成几个部分，通过书面信函进行交谈，或者请其他人在场。如果水流太急，如果交感神经系统觉醒超过了你的承受能力，那么最明智的应对就是优雅得体地退出对话，直到你恢复为止（请参阅第三章中的“暂停对话”）。

练习：消除激活的风浪

当你在谈话中注意到交感神经的觉醒时，练习巧妙地暂停和停顿来追踪激活情况，使用任何你认为最有帮助和最真实的方法来暂停：深呼吸、一个手势或者一个口头请求。选择一个参考点来建立你身体的感知：重力、中心线、呼吸、接触点。尝试通过定位声音或周围的空间来扩大你的注意力。

支持灭活因素：下游阶段安顿

驾驭激流意味着参与整个过程。顺流与逆流，上升和下降，就像我们学习识别和关注觉醒一样，我们也可以训练自己去注意、感受和支持任何镇定因素。这种情况可能发生在对话过程中和对话之后的很多时间点，以很细微的方式。如果我们技巧熟练，就一直能感觉到这一点，不断增强这些在我们的神经系统中自然发生的间隔因素。

在汹涌的水流中，我们如何注意并利用这些失活的作用因素呢？这需要我们熟练地选择将我们的注意力放在何处，把注意力集中在刺激物上——比如判断、负面情绪或者他人言语和行为中令人不快的方面往往会刺激我们的反应。我们可以通过关注任何平静、舒缓或者仅仅是不那么刺激的体验来开始失活。锻炼我们注意到这些感觉的能力可以使我们的神经系统恢复平衡。

这与我们通常的存在方式不同。我们习惯于参加最有趣、最激烈紧张的事情，即使它很令人不快。就像是在玩一颗松动的牙齿一样，我们的大脑会像磁石一般被吸引到最为紧张的那一个点。

从字面和形象上讲，失活都是以呼气的形式发生的。神经系统状态的任何变化都反映在呼吸的节奏、深度、持续时间或节奏上。我们呼气，肌肉紧张释放，下巴松开，肩膀放松，目光温和下来，呼吸减慢或加深。我们可以训练自己注意这些生理信号，它们每天都在不断地以各种微小的形式发生。

激活很容易被发现，失活则需要更细致的关注。它可能看起来没有那么有趣，是很微妙的。它是发生在之后的事情，呼气，冷却。通过加深我们的敏感性，我们可以培养出对周期下降阶段的舒缓效果的嗅觉与品位。

这个时期，无论多么短暂，都是愈合、整合和再生的阶段。要注意到失活，我们必须对平静期，即一个间歇过渡阶段或“放空”的时刻产生兴趣。如果我们开始栖居于这样的空间中，它们就会使我们的身心平静下来。

当我们有意识地注意轻松或放松的感觉时，它会像响铃声一样放大，就像琴弓的拉动在大提琴琴体中产生共鸣一样。花一点时间去感受这种失活带来的舒缓抚慰效果，不论是在对话中还是在生活中，这都能够完善我们自己，增强我们的适应力。

随着我们对注意力的艺术的锻炼发展以及对神经系统的关注，我们就能越来越熟练地将平常的时刻、事物之间的空间，转化为休息和舒适的来源。有时我们会首先注意到大脑的失活，然后这会让你安静片刻。有时是我们注意到这一刻，随后便得到了安顿与沉淀。还有一些时候，我们觉得自己需要失活——主动放松下来，有意用一个词、一个手势或一个动作来创造安顿的空间。当这种间隙消失时，我们要学习如何去创建它们。

在对话中，找到对话过程中交流或语句之间的过渡空间——对话过程中的停顿或中断。当你完成一个交流周期后，请注意任何的安顿时刻。在艰难的对话中，即使是最微小的同意、承认、善意或让步，都能给滔滔不绝的话语和情绪提供暂时的缓冲。如果这些时刻不明显，那就把它们找出来。将你的注意力转移到房间里的声音或空间上，或利用你的创造力插入一个暂停和休息时间。

引导一场富有挑战性的对话达成某种解决方案，有赖于我们发现（或插入）这些时刻并充分利用它们的能力。我们可以通过自己的注意力和关系方面的技巧来做到这一点——指出和欣赏它们来取得小小的成功。

练习：关注失活

静默练习

找一个安静的地方，闭上眼睛，花几分钟让你的身心平静下来。让你的注意力集中在吸气和呼气的感觉上。当你吸气时，你是否能注意到你身体里的能量或活力有任何的增加？这是交感神经激活的一种微妙形式。当你呼气时，你是否能注意到任何的安顿、平静或舒缓的感觉？这就是失活。

接下来，让我们回想一场稍微具有挑战性的对话（过去或将来）。开始感觉神经系统激活的生理效应，然后将问题搁置一旁，把你的注意力转回到一个中立的参考点：重力、中心线、呼吸、接触点，声音或空间。当神经系统觉醒消散时，密切关注你身体的任何失活：安顿、放松、平静，以及你呼吸的任何必然导致的变化。

人际交往实践

在对话过程中，开始寻找并参与任何在对话过程中安顿或缓解你的体验。尝试多注意呼气，寻找自然的停顿、中断或转变，感受任何放松、释放、缓解或在身体和呼吸中安顿下来的感觉。

当你练习这些阶段——识别激活并驾驭风浪，注意到失活并让汹涌的潮水消退——你将学会在其他情况下和更短的时间内使用它们。只需注意正在发生的事情：看见这一行为本身就创造了改变模式的可能性。

随着时间的推移，你的身体将开始感受到一种新的关系方式的潜力。当新的信息流过你的神经系统时，你可能会经历不同的紧张状态：“啊，也许我不需要防御、攻击或试图消失。”慢慢地，你处理困难情况的能力就会增强。你能学会相信自己的能力，在不迷失自我的情况下倾听他人的声音，在不试图控制或压倒他人的情况下发出自己的声音。

排练

为困难的对话做准备，另一种实用有效的方法是通过角色扮演来进行测试。如果你以前从未这样做过，可能会感到有些尴尬，但是潜在的好处是巨大的。排练一段艰难的对话可以教会你保持平衡，产生洞察力，并帮助治愈恢复。

使用下面的角色扮演指示说明，重点关注一种或两种工具。清楚自己在练习什么，有助于集中注意力，提升学习效果。为了用投入来引领并支持灭活，当你注意到自己有消极反应时，一定要休息一下（不论是否“在角色中”）。这是一个建立自信和扩展神经系统的平静与镇定能力的有力方法。要从好奇心与关怀出发，不仅要反思你所说的是什么，还要反思你怎么说，回想你已经确定的任何有用的意愿，例如：保持耐心、建立信任或者尝试合作。

练习：场景的训练

自己练习

找到一个安静的地方，花几分钟让自己的身心平静下来。想象一下，你在房间里与你尊敬的人进行对话：可以是一位导师、一名长者，甚至是一名历史或宗教人物。在他们面前进行对话会感觉如何？你说的话或行动会有何不同？如果他们处在你的位置，他们会怎么说？

和其他人一起练习

邀请朋友或同事与你进行角色扮演，描述一下情况，以及关于另一个人可能如何回应的一两件事，选择你想要练习的工具。为了集中精力学习，可以将角色扮演的时间限制在五到六分钟内，如果你感到紧张担忧，不妨休息一下，让你的神经系统平静下来。

然后，反思你学到的东西，并从你的朋友那里获得反馈。询问对方有关你所做的事情的具体意见。他们信任你吗？他们有没有听到责备或批评？他们可能有什么想法或建议？第二次扮演角色是整合反馈的有效方法。

真正的谈话

尽你所能让事情有个好的开端。如果你可以选择在何时何地交谈，试着设定一些支持性的初始条件：时间、地点、在场者。在谈话开始之前，请考虑一下如何为好奇心和关怀打下基础。例如，一封友好的电子邮件或几句简单的话语就是一种大方的姿态，让事情朝好的方向发展。这让对方知道你很期待和他一起讨论，共同努力解决问题。

如何开启对话本身非常重要。如果你已经发起了对话，可以通过询问“现在时间还合适吗”来表达对对方的尊重。这可以从一开始就创造一种共识和相互尊重的感觉。回顾构建框架的工具，尽可能以一种平衡的方式呈现事物，并说出任何共同的目标。

用投入来引领，要特别注意暂停和对话的节奏。在激烈的对话中，事情往往会进展得非常迅速。很多工作都是关于要放缓速度，你越能找到方法让自己自然地停顿和放松，就越容易保持清醒。倾听对方的声音，做出明智的反应，在你做出自然的回应之前，花点时间反思一下，这样可以放慢谈话的速度。如果你坚持不懈地做下去，甚至可以创造出一种“给予接受”的节奏，让对方可以轻易学会并模仿，从而为你所分享的一切提供他们自己的理解。

接下来，从好奇心与关怀出发，尝试真正去理解。这将体现在你的身体语言、语气以及其他非语言交流中，这些交流将会支持友好和协作的氛围。在适当的时候，明确地表达你的意愿："我真的很想了解你的出发点是什么……"或者"我决心以一种对我们双方都有利的方式来解决这个问题"。这样的表述可以改变整个对话的基调与氛围。如果你无法继续倾听下去，可以巧妙地打断他们，并询问他们是否能听你说一会儿，如果你们双方都听不进去，那就把对话暂停一会儿。

聚焦事情的关键，并保持注意力的灵活性，不要喋喋不休地讲述"发生了什么"的流水账，而是要倾听对你们双方都重要的事情。如果你听到了对方的要求，在内心里把它们转化为需求，并以尊重对方需求的方式做出回应。当你能够识别出需求时，你就有更多的空间去倾听他人的意见，并创造性地思考解决方案。

当你将这些步骤组合在一起时，基本的方向是辨别对每一个参与者来说最重要的是什么，确定需求并将它们一起公开摆在桌面上。要做到这一点，就需要坚定地扎根于真正的理解意愿之中，在对话中保持这个方向，施加一些能量来对抗那些不太有用的自动反应（保护、防御、评判、攻击）的吸引力，保持内心彻底地向好奇心和关怀转变，表现出你的关心和对协作的承诺通常可以帮助对方放松和更灵活地参与。

最后，如果情况比较复杂，可以考虑将对话分解，在不同的时间进行多次对话。你的第一关可能只是专注于同理心，试着去倾听别人，下一次就可以分享你的观点，努力建立相互理解，到了最后一关，就是探索推进的策略。

重新来过

生活是混乱的，尽管我们做了准备，接受了训练，也怀着良好的意愿，但我们还是会时不时地搞砸。在一时激动下，一种情绪或反应会压倒我们。一波觉醒的浪潮升起，把我们托举了起来，然后立刻将我们拍在了岩石上。

在我长大的地方，在漫长的夏日里，我们会在街上打球，直到天色渐暗。每当关于游戏有争议时，如果有孩子大喊“重新开始吧”，我们就会停止争吵，重新进行游戏。作为成年人，我们也可以采取类似的办法。

重新来过就像按下重置按钮一样。我们承认问题出在哪里，重申我们的意愿，并询问对方是否愿意宽容一些，可以让我们再试一次。小到简单的一句话，大到整个谈话，我们都可以在这其中的每一部分尽自己的一份力。当我们为失利承担责任时，大多数人都乐意给我们第二次机会。想要重新来过，任何时候都不算晚。

以下是有关在对话期间或对话结束后要求重做的一些示例：

◎ “事情进展得并不是很顺利。我可以再试一次吗？”

◎ “我担心我说的一些事情没有帮助。我们可以从头重新开始吗？”

◎ “我们谈话的时候，事情并没有像我希望的那样发展。我们可以倒回去重新再尝试进行一次对话吗？”

我的一个好朋友同时也是一位非暴力沟通培训师，最近与我交谈，说起她收到的一封很具有挑战性的电子邮件。在探讨她会如何回应时，我建议提供一个同理心的反思。她笑着说：“这就是‘同理心101’啊，但我居然都没想到！”

当我们刚被触发时，都是初学者，在充满挑战的情况下，我们最重要和最可靠的技能是在我们做出回应之前的同理心和反思能力。这些工具可以建立信任、理解和联系。不止一次地进行同理心的反思这一点值得重复，我们可能需要三到四次同理心的感同身受才能让某人对某一点有充分的理解。要做到这一点需要极大的耐心和毅力，但会产生巨大的影响。我们在同理心和对自我本真的坚定承诺之间取得平衡，在倾听和表达自己的立场观点之间谨慎转换。

原则

当发生冲突时，如果我们的目标是先倾听对方的话，就会增加他们愿意听我们说的机会。

我想到了我的朋友莎拉。她的妈妈突然去世，在同一时期，她与她的兄弟进行了一次艰难的谈话。当时她的生活还算有一定的灵活性，因此她同意暂时搁置个人项目，搬回家乡照顾年迈的父亲，并整理母亲的遗物。

就像在这种时候经常发生的那样，莎拉和她兄弟之间的关系开始出现紧张，信任开始减弱。

谈话以一种非常艰难和坎坷的方式开始。莎拉的无助感和愤怒表现为责备和反应性。在参加了我的一些课程后，她意识到了发生的事情，道了歉，并表达了她想要合作的愿望。她倾听了，对她兄弟的感受和需求进行了反思。有一次，当气氛变得紧张时，她问她兄弟是否愿意给她一分钟的时间，让她喘口气，处理一下她的情绪。

那个停顿改变了谈话，莎拉考虑了自己的需求，在这个问题上公开表达了她的脆弱，并表示她希望尽快解决任何冲突，因为对她而言，在这段困难时期，他们之间能够相互信任非常重要。她的诚挚感动了她的兄弟，他也有同样的愿望。当他们讨论细节时，莎拉总结了他们的谈话以及他们对以后谈话的约定，他们知道这可能会存在挑战。最后，他们互相欣赏对方，欣赏对方的优秀品质，欣赏他们如何在困难的交流中坚持下来，并最终走到了对方的身边结束了对话。

我们不需要完美无缺，亡羊补牢，未为迟也，从失误中恢复过来也不会太晚。如果我们能够放慢下来，记住原则，并发出我

们真诚的善意，就可以进行深刻的转变和理解。

总结

关注我们自己的反应能力，注意激活状态的上升并支持有助于降低激活的冷静状态，这样可以帮助我们在说些什么和什么时候说两方面做出明智的选择。

当发生冲突时，如果我们的目标是先倾听对方的话，就会增加他们愿意听我们说的机会。

关键点

通过以下方式准备一场艰难的谈话：

以同理心或自我同理来完善自己。

调查风险所在。

用同理心人性化看待。

通过角色扮演进行排练。

问&答

问：我该如何与那些沟通方式与我截然不同的人交谈？他们说话速度太快、声音大，而且没有耐心来暂停、表达感受或处理问题。

答：掌握这些技能意味着在真实性和灵活性之间找到平衡。你所描述的这种情况包括一个隐含的请求，即更多地以他们的风格进行关联。事实上，你可能有很多和他们相同的需求：轻松、流畅、舒适、安全。对话之舞就是承认你们的不同偏好，并找到一种相互聆听的方式。尊重你自己的需求，并且愿意放手去调整。

请记住，在学习这些工具时，我们经常会遇到困难，或者需要更长的时间来表达自己。就像学习一门语言一样，在我们能够流利运用之前，往往是很难跟上节奏的。在这个过程中，别人或多或少要对我们有些耐心!

问：你如何处理权力不平衡的情况，比如你与上司或权力比你大的人对话?

答：当我们的权力比别人小的时候，这些工具就变得更加重要了。如果我们不愿意使用暴力来满足我们的需求（我希望是这样），那么对话就是一个必不可少的工具。建立有意义的人际关系的能力会成为我们的优势。

如何进行对话取决于具体情况。一种途径是通过确定任何共同的目标或目的来与他们保持一致。另一个有用的角度是可以帮助他们了解满足你的需求将会如何直接或间接地对他们有所帮助。最后一个选择是分享你的脆弱感受——示弱，引起对方自然而然的关心、同情或慷慨。这可能意味着你要让他们睁开眼睛，敞开心扉，看到他们当前行为的人性或道德代价，或者激励他们看到你以自己喜欢的方式发挥作用的好处和收益。

问：如果对方没有这些工具，或者只是想打架，该怎么办?

答：我们共同创造我们的关系，两个人才能跳舞。不论对方是否熟悉这些想法和实践，你都可以通过建立某种联系来改变对话。在武术中，如果你紧张或抵抗，而你的对手比你更熟练，他们可以很容易地把你打倒。立即反击将你置于斗争和权力支配的境地，而那时你已经失去了一些重要的东西——你自己的平衡和反应能力。但是，如果你的思想和身体保持灵活和动态，就可以重新引导他们的精力，事情可能会朝着不同的方向发展。

你可以学着去回应别人，而不是去抗拒或激起更多的愤怒，可以去设定界限并表达自己，而不会紧张或变得僵硬。当别人带着攻击性、责备性的能量向你靠近时，如果你以同理心去回应，以一种真实的方式来满足他们的剑拔弩张，游戏就可以到此为止了。

试着把他们的行为看作是要满足他们需求的一种策略。他们想要的是什么？如果你能做到这一点，就可以缓解这种情形。

第十四章
规划你的进程

> 发自内心的话语，会进入内心。但从舌头上说出的话语，却入不了耳。
>
> ——阿布·纳吉布·苏拉瓦迪（古代哲学家）

我们已经讲了很多内容，看起来可能很多，而在很多方面也确实如此。沟通是既丰富又复杂的，我们已经探索了许多方面。有效对话的三个步骤提供了一个框架，它囊括了我们所探讨的所有内容，并希望能成为帮助你表达自我以及非暴力沟通的指南——听到你的声音，说出你的真相，认真倾听。在这场特殊的对话即将结束之际，我想与你们分享一些思考，关于如何整合你们所学到的东西以及下一步该怎么做。

掉转船头

生活不是二维的。正如我刚开始时提到的那样，你不可能仅仅从书本上学会如何交流，就像你不能从一本指导手册上学会游泳一样。最终，你还是得下水才行。

我希望你可以一直尝试这些工具，并尽可能地将它们付诸实践，看看什么比较有效。在此过程中，你可能会遇到一些尴尬的时刻或令人困惑的交流，甚至可能有过一两次严重的翻车事故！但我希望你也取得了一些成功。当你学习新东西时，摔倒多少次并不重要，重要的是你能否重新站起来。

我想回到这幅画面，即在海上将一艘大船调转船头的画面，用来比喻改变我们的沟通习惯。几十年来，我们每个人都携带着巨大的动力，朝着一个方向高速前进，以固定的方式说话和交流。要使船转向并改变航线，只需要做两件事：调整方向舵并保持角度。一艘船从伦敦出发前往纽约，旅程的一开始仅仅两度的航向改变就会造成很大距离的偏离，即该船会到达新罕布什尔州的朴次茅斯或弗吉尼亚的切萨皮克湾，取决于角度是增大还是减小！

有鉴于此，我鼓励你把从本书中学到的知识牢牢掌握并坚持不懈地练习运用，找出你认为最有帮助的东西，坚持下去。我们的大脑是通过重复来学习的，为了让这些工具成为我们的第二种天性，让它们随时可以在第一时间使用起来，我们需要不断练习，每天在各种细微之处都使用它们。

练习：整合

闭上眼睛舒适地坐着，花点时间让你的身心平静下来。如果你愿意，让你的意识与吸气和呼气的感觉一起安定下来。

思考一下你在阅读本书的过程中所学的内容，在脑中回顾一下，过去数周或数章里，回想起什么是最突出的？对你最有用处的是什么？考虑这些问题时，让你的想法自由驰骋。

最后，提炼出这些思想的精髓，明白你想将哪些特定的实践、工具或原则融入你的生活？

下一步

有很多方法可以继续你的沟通练习。你可以阅读本书中的原则和关键点，并以此为基础进行进一步的学习和实践，每周探索一个练习，然后复习并继续进行下一个练习。

正如我在开始时提到的，拥有一个专门的练习伙伴会提供一个巨大的支持。如果在你的生活中没有和你分享共同兴趣的人，你可以去网上论坛、当地的团体或班级寻找一个与你有共鸣的同伴，可以经常和他说话并练习这些技巧。

最后，寻找社区。交流从定义上讲是关系层面的，我们有越多的机会在现实中练习沟通，学到的就越多。我在美国在线授课和亲自授课，虽然目前很少有人用我和你们分享的方式来教授有意识地沟通，但是世界各地都有很多非暴力沟通的静修、课程和培训。我强烈建议你参加这样的项目，这些项目和本书有许多相同的原则和实践做法。

正视内心

最后，我想强调一点。正念沟通与我们说什么无关，它不在于语言。所有的工具——技术提示、技巧和原则都是旨在帮助你对自己和周围的人建立更多的理解。如果我们过于执着于语言，过于狭隘地专注于“说对的话”，人与人之间的联系的魔力就会迷失。

进行良好的沟通，通过觉知意识来建立理解，一切发自内心并忠于你的内心。以真诚的开放和谦逊的态度倾听他人的声音，真正地尝试去理解。要说出你的想法，先往里看，正视自己的内心。什么对你来说是真实的？此时此刻，你的真实感受是什么？你需要什么？什么是最重要的？哪些经历是你希望对方理解或了解的？你想如何邀请他们加入你这支被称为生活，有关给予与回报的相互依赖的舞蹈当中？

原则总结

高效对话的三个步骤：

1.用投入来引领。

2.从好奇心与关怀出发。

3.聚焦事情关键。

第一个基础：投入

有效的沟通需要投入。

考虑到沟通的复杂性，转变最容易通过微笑的变动，持续随着时间的累积发生。

投入为联结奠定了基础。

用投入来引领，带着意识开始对话，回到并努力保持这种意识状态，就正在发生的事情对自己诚实。

我们越是了解，就有越多选择。

用投入来引领包括将对方视为自主的个体，承认沟通的不确定性，这两者都在对话中创造了新的可能性。

第二个基础：意图

意图决定方向。

我们的意愿、观点和体验相互加深：观点决定意愿，意愿创造体验，体验证实我们的观点。因此，改变观点可以改变我们的意愿和体验。

了解我们的习惯的冲突方式可以使我们改变其赖以存在的基本信念和情感，并做出不同的选择。

责备和批评越少，他人就越容易听进我们的话。

我们所做的一切都是为了满足某种需求。

当人们感到被倾听的时候，他们更有可能去倾听。为了建立理解，在回应之前应先反思一下。

第三个基础：关注

关注塑造经验。

我们越是能够分清自己的策略和需求，思路就越是清晰和有选择性。

我们彼此了解得越多，就越容易找到适合大家的解决方案。因此，在解决问题之前，应尽可能多地建立起彼此的理解。

意识到我们的情绪，有助于我们有意识地选择参与对话的能力。

我们越是对自己的感觉负责，把它们与我们自己的需求联系起来，而不是与他人的行为联系起来，别人就越容易听到我们的声音。

我们越多地从别人的感受中听到对他们的需求的反映，就越容易理解他们，而不会听到责备或为他们的情绪负责。

对自己怀有同理心会增加我们倾听他人的能力，无论他们是否有空间倾听我们说话。

清楚地陈述所发生的事情，不带评判或评估，会让别人更容易听到我们的声音，更容易朝着找到解决方案的方向努力。

将评判转化为观察、感受和需求，可以产生有价值的信息，说明什么是有效的，什么是无效的，并为如何前进提供线索。

在给予反馈时，要具体说明什么是有效的，什么是无效的，以及为什么，这样更容易让人了解。

我们越清楚自己想要什么，为什么想要，我们就越能创造性地去实现它。

对于满足尽可能多的需求的策略有自己的想法，这也会让其他人寻找创造性的解决方案。

说明进行一次对话能对我们双方都有帮助，有助于建立认同和意愿。

如果可能的话，在转移到一个新的话题或把注意力转移到你自己的体验之前，要确认对方是否感觉被理解。

当我们用更少的语言表达更多的真诚时，我们就会更清晰、更有力量。用简短、简洁的分模块方式说话，可以让别人更容易理解我们。

关注我们自己的反应能力，注意激活状态的上升并支持有助于降低激活的冷静状态，这样可以帮助我们在说些什么和什么时候说这两方面做出明智的选择。

当发生冲突时，如果我们的目标是先倾听对方的话，就会增加他们愿意听我们说的机会。

实用沟通用语总结

请求对话

“你愿意花点时间和我聊一聊话题吗？”

“我们可以坐下来，看看我们都需要的是什么，看看我们能不能找到解决的办法？”

提供同理心

“让我看看我是否明白了。我理解的是……”

“我想确认一下我的理解。听起来像是……”

“我听到的是这样的……对吗？”

获取信息

“多告诉我一些。”

“关于这件事，你还有什么想让我了解的吗？”

请求同理心

“对我来说最有帮助的就是被倾听。你愿意听我说一会儿，然后告诉我你听到了什么吗？”

“我刚才说了很多，但我不确定是否都按照我的意思说出来的。你能告诉我你听到了什么吗？”

“我刚才说的话对我来说真的很重要。你愿意告诉我你对刚才的话的理解吗？”

插入暂停

“我想整理一下思绪。”

“我也不确定。让我想一想。”

“这听起来很重要。我想给它一些时间。”

“我需要一些时间来理解这一点。我们能在这里停一下吗?”

休息一下：暂停对话

“我真的很想继续我们的谈话，但我现在的状态不是很好。我们能不能休息一下，然后再谈这个……”

“我真的很想听听你的意见，但我现在感觉有点吃不消，所以我觉得我可能不能很好地倾听。我们可以休息一下，明天再继续吗？”

“我决心一起解决这个问题，但现在没有足够的空间去清晰地思考。我们能不能把这件事暂时搁置一下，直到……”

“我想结束我们的谈话，我想我现在说什么都没有用。我们能不能休息一下，直到……”

“我很想听听你的意见，但你说的方式让我很为难。不知道你是否愿意……”

“试着换一种方式来解释一下发生了什么事可以吗？”

“休息一下，等我们两个人都有机会反思一下如何？”

“给我一点时间让我说一下我的情况怎样？”

打断

“让我确认一下我是否跟得上你说的……”

“我想确定一下我听懂了你说的每句话。我们能不能暂停一下，让我确认一下我是否跟上了？”

“我很想听完你接下来要说的话，但我现在有点走神。我能总结一下我目前所听到的内容吗？”

“我很想让你继续说下去，但我有些困惑的地方。我可以问一个问题吗？”

“我很想继续听下去，但有件事我想澄清一下。我可以回应一下吗？”

重新定向

“我很高兴你提到了这一点。但在我们进行到那里之前，我还想说一两件关于……的事情。”

“我很感谢你提出这个问题。我想过一会儿再讨论这个问题，但首先我想谈一谈……”

“是的，这很重要。我们能不能先把这个问题谈完，过一会儿再来谈那个问题？”

听到拒绝

“我很好奇为什么不呢？你能不能多分享一下？”

“是什么原因让你拒绝呢？你还有什么其他想法吗？”

“我们是否可以花一些时间来一起思考 下对我们双方都有用的想法呢？”

“你需要知道什么，或者我能做什么，才能让你答应我？”

说“不”

“我想答应的，但现在有一些事情让我不太方便。”

“我听出了这对你来说很重要，但我不知道该怎么做，因为我也需要……我们可以探讨一下其他一些可能对你有用的选择方案吗？”

“我不能同意这样做，这会让我自己在……方面付出重大代价 。我们试试换一种方法……对你有用吗?”

请求重新来过

“事情进展得并不是很顺利。我可以再试一次吗？”

“我觉得我们一开始就错了。我们可以重新开始再来一次吗?”

“我担心我说的一些事情没有帮助。我们可以重新开始吗？”

“我们谈话的时候，事情并没有像我希望的那样发展。我们可以重新进行一次对话吗？”

术语表

激活（Activation）：为达到预期的目标或应对环境中感知到的威胁，刺激身体中的能量以执行动作；唤醒战斗或逃跑机制。

情感标签（Affect labeling）：为情感命名的认知过程。

锚点（Anchor）：我们返回此参考点以增强正念投入。

注意力中心（Center of attention）：对话中任何时刻被聚焦关注的一方；发言的一方。

中心线（Center line）：躯干的中线，位于身体前后两侧之间，位于身体左右两侧的中间。

选择点（Choice point）：我们有意识地决定是去说还是去听的时刻。

模块法：一次说出一个片段的信息，每次内容较少，可管控。

沟通（Communication）：建立理解的互动或交流过程。

联结请求（Connection request）：一个旨在确认所传递信息是否与所接受信息一致，并且滋养互信与善意的问题。联结请求也被用来查看双方是否有足够的互信与理解以寻求解决方案。

失活（Deactivation）：身体中能量的沉降，以便完成一个动作，满足一种需求，或解决感知到的威胁；副交感神经的沉降或交感神经唤醒的释放。

情绪传染（Emotional contagion）：一人情绪激发他人类似情绪的现象。

情绪（Emotion）：身体中感受到的多方面的情感体验。

同理心痛苦（Empathic distress）：一种情绪状态，特征是无法忍受看到他人的痛苦。

同理心（Empathy）：从他人的角度理解或感受他人体验的能力。

同理心谱（Empathy spectrum）：获取人类同理心的范围。

感觉（Feeling）：见“情绪”。

洪水法（Flooding）：反复诉说，尝试一次说出全部内容，或传达超出他人最大处理量的信息。

建立框架（Framing）：以一种更广泛且中性的方式总结一个事件或对话的领域，通常在共同的需求、目标或价值观方面。

意愿（Intention）：驱使我们言行的动力或内在品质。

逻辑性对话（Logistical conversation）：对话中尝试解决问题的各个方面，包括达成的所有协议。

正念（Mindfulness）：以平衡且无反应的状态，意识到当下发生的事。

需求（Needs）：驱动我们行为的核心价值观。这是我们想要某样东西的最重要且根本的原因。

观察（Observation）：对我们在环境中看到或听到的事物具体、特定且中立的陈述，不同于评估或解释。

定向（Orienting）：通过感官连接到所处环境。

投入（Presence）：对我们直接的感官、心理和情感体验的认识体现。

特权（Privilege）：基于特定属性、状态或成员资格，特定的人或一类人可以得到的特殊权利或优势。特权使其获得优惠待遇，和/或通过法律和/或社会规范而获取资源，并且特权的存在独立于拥有者的任何特定作为或不作为。它通常独立于享有特权的个人或集团对于不平等、特权方的利益或他人所付出的代价的意识而独立存在。

保护性武力（Protective use of force）：有意识地、有意地、暂时地使用武力，以创造安全；出于关怀而实用，没有恶意或不良居心。

重新定向（Redirecting）：逐渐将对话引导回选定的阶段或主题。

复述（Reflection）：对对方所说内容的重述或询问以确认，理解恰当。

关系性对话（Relational conversation）：对话中侧重于联结质量、情感或部分间关系的各个方面。

请求（Request）：关于一个人愿意采取特定行动来满足需求的问题。请求是策略，与需求不同。

社会联结（Social connection）：对安全、健康的人际交往和愉快的社会参与的需求和经验。

解决方案请求（Solution request）：提出具体战略或建议满足需求的问题； 该问题提供了在某种情况下如何继续推进的想法。

分裂（Splintering）：在当前话题完成之前，通过引入新的内容将话题岔开。

策略（Strategy）：满足与特定的人、地点、动作、时间或对象相关需求的尝试。

触点（Touch points）：诸如手、脚、嘴唇或舌头等感觉强烈的身体区域。

追踪（Tracking）：在对话中密切注意特定的流程元素或内容线索。

观点（View）：看待或理解某事物的特定视点或方法；可以是有意识的选择或无意识的反应。